지혜의 기술

Hand-Orakel und kunst der weltklugheit
by Baltastar Gracian

Korean Translation Copyright©2014
by Seokyo Publishing Company

지혜의
기술

초 판 1쇄 발행일 | 2008년 3월 10일
개정판 19쇄 발행일 | 2025년 7월 15일

지은이 | 발타자르 그라시안
옮긴이 | 차재호
펴낸이 | 김정동
펴낸곳 | 서교출판사

출판등록 | 제22-243호(2000년 9월 18일)
주소 | 서울시 중구 충무로 49-1 죽전빌딩 2층 201호
전화 | 02-3142-1471(대)
팩스 | 02-6499-1471
이메일 | seokyobook@gmail.com
인스타그램 | http://instagram.com/seokyobooks
ISBN | 979-11-94212-08-9 03870

> 서교출판사는 독자 여러분의 투고를 기다리고 있습니다. seokyobook@gmail.com 으로 간략한 개요와 취지 등을 보내주세요. 출판의 길이 열립니다.

- 잘못된 책은 바꾸어 드립니다.
- 서교출판사의 동의 없이 무단 전제와 복제를 금합니다.

나의 가치를 올려주고
당신의 성공을 보장하는 243가지

지혜의 기술

Baltasar Gracian
발타자르 그라시안
옮긴이 차재호

서교출판사

"인간이여,

자신을 알라.

모든 지혜는

그대 자신에게 집중되어 있다."

...

...

...

에드워드 영

영국의 시인, 1683~1765

추천의 글

— 크리스토퍼 마우러 (미국 반더빌트 대학 교수)

기나긴 인생살이에는 좋을 때도, 나쁠 때도 있게 마련이다. 인생의 부침(浮沈)에 의연함을 잃지 않으려면, 행운의 여신이 잠시 등을 돌리더라도 기다리는 여유와 고난조차 즐길 줄 아는 자세가 필요하다.

옛날 스페인 아라곤 지방에는 비옥한 농토와 큰 재산을 소유한 부자가 살고 있었다. 그는 신분도 높은 데다 매우 거만해 모든 사람을 깔보았다. 많은 사람이 그를 비난했으나 드러내놓고 반기를 드는 이는 찾아 볼 수 없었다. 그러나 전쟁의 포화가 그 지역을 덮쳤을 때 그는 모든 재산을 잃었다. 그가 가난해지자 재물을 보고 빌붙었던 아첨꾼들은 모두 그의 곁을 떠났고 대부분은 모두 그에게서 등을 돌렸다. 굶주린 배를 움켜쥐고 구걸하는 그에게 동전 한 닢

던져주는 사람이 없었다. 이 어리석은 사람이 과거에 자신의 신분과 재산만을 믿으며 살지 않고 남들에게 은혜를 베풀었다면, 결코 이런 식으로 무시당하지는 않았을 터이다. 이처럼 배려와 겸손은 인생살이에서 매우 중요하다는 사실을 잊지 마라.

지혜로 성공을 도모하라. 지혜로운 사람은 일을 시작하기에 앞서 허풍으로 사람들의 기대를 높여놓지 않는다. 기대가 크면 그만큼 실망도 커지기 때문이다. 그럴 때는 결과로 자신을 증명하는 것이 현명한 태도다. 높은 지위에 올라설수록 사람들의 시기와 질투가 커진다는 것을 깨달은 사람은 지혜로운 사람이다.

말을 아낌으로써 상대에게 약점을 드러내지 마라. 작은 약점일수록 크게 부풀려져 소문나기가 쉽다. 실제로 큰 결함은 설마 하는 생각에 지나치는 경우가 많지만, 작은 약점에 대해 대중은 결코 간과하지 않는다는 사실을 잊어서는 안 된다. 이러한 지혜 없이 성공을 거둔 사람은 높은 지위에 오르더라도 금세 낙마하게 마련이다.

지나친 욕심을 자제할 줄 아는 지혜를 갖춰라. 최고 도박사가 게임에서 승리하는 것은 욕심을 부리지 않기 때문이다. '조금만 더'라고 미련을 갖는 사람은 결국 가진 돈을 전부 털리게 마련이다. '운이 좋다'는 표현은 운을 지속시킬 줄 모르는 어리석은 사람들이나 쓰는 말이다. 행운을 자신에게 끌어오고 불운을 피하는 능력이 지혜. 모든 일이 잘 풀려갈 때도, 큰 실패와 맞닥뜨렸을 때도 담담하게 맞이하라.

지혜를 인생의 나침반으로 삼아라. 오늘날 세상은 너무나 혼탁하므로 때때로 거짓으로 자신을 치장한 자들이 대접받는다. 남을 속이지 말고, 남에게 속지도 마라. 거짓을 꿰뚫어 보는 눈을 갖는 게 지혜다. 거짓 속에 숨겨진 진실을 꿰뚫어봐야만 자신을 방어할 수 있으며, 희망 섞인 달콤한 말에 속지 않고 신중한 판단을 내리는 사람만이 험난한 세상에서 승리자가 될 수 있다.

지혜의 모든 측면을 두루 고찰한 이 그라시안의 저서가 지난 수 세기 동안 독자들로부터 큰 사랑을 받은 것은 얼마나 많은 사람이 험난한 세상살이에서 현명하게 대처하는 방법을 배우기를 열망했는지를 단적으로 보여주는 증거다. 펠리페 4세의 궁정 고문을 역임하기도 했던 그라시안은 이 책에서 성공, 즉 인생에서 승리를 거두기 위해 필요한 것은 '실용적인 지혜'라는 점을 반복적으로 강조한다. 그는 참되고 바르게 살라는 뻔한 이야기 대신 경쟁에서 승리하는 법이나 윗사람을 대하는 적절한 요령, 인생을 경영하는 효과적인 방법 등 지금 당장 적용할 수 있는 지혜를 아름다운 경구에 담아 독자들에게 제시한다. 《지혜의 기술》은 마키아벨리의 《군주론》, 손무의 《손자병법》과 같은 처세술의 고전과 어깨를 나란히 하는 이 시대 최고의 잠언서다.

Baltasar Gracian Y Morales
(1601~1658)

차례

추천의 글 006-009

PART 01　세상을 사는 지혜의 기술 012-079

PART 02　도전과 성공을 위한 지혜의 기술 080-155

PART 03　관계를 위한 지혜의 기술 156-231

PART 04　자신의 가치를 높이는 지혜의 기술 232-301

■ 현자, 발타자르 그라시안의 삶에 대하여 302-305

■ 지혜의 기술 필사노트 307-327

01
PART

세상을 사는
지혜의 기술

Life is not fair; get used to it
Bill Gates

인생이란 결코 공평하지 않다.
이 사실에 익숙해져라.

빌 게이츠

인정받고
싶은가?

Do You Want Recognition?

태어날 때부터 완벽한 사람은 없다. 호수에서 여유롭게 노니는 백조의 우아한 몸짓도 물밑에서 끊임없이 움직이는 물갈퀴 덕에 가능한 것이다. 자신의 발전을 위해 항상 깨어 있어라. 성공에 이를 때까지 날마다 자신을 갈고 다듬어라. 자신의 분야에서 성공한다는 것은 축복받은 일이지만 높은 이상을 이루려면 더 많은 땀을 흘려야 한다.

평범한 사람은 완벽함이 무엇이고, 그것에 도달하려면 무엇을 해야 하는지 모르지만, 지혜로운 사람은 풍부한 지성과 명쾌한 의지와 원숙한 판단력을 한데 모아 자신의 앞길을 개척한다. 현명하게 말하고 신중하게 행동하는 사람은 상류사회에서도 금방 인정받으며 많은 사람으로부터 호감을 살 수 있다.

날마다 자신을 갈고 다듬는 자가 승리한다

절차탁마
切磋琢磨

No Sweat, No Sweet

다이아몬드가 빛나는 이유는 장인(匠人)이 숙련된 손길로 끊임없이 다듬기 때문이다. 세상의 모든 아름다운 것에는 탁월한 기술과 엄청난 노력이 깃들어 있다.

완벽한 사람도 마찬가지다. 야수 본능을 지닌 사람도 엄한 교육과 가르침을 통해 탁월한 존재로 탈바꿈한다. 태어났을 때의 모습 그대로 누구도 위대한 사람이 될 수 없다.

목표를 세우고 그것을 이루기 위해 정진하라. 성공을 위해 노력하는 것이 자신을 가장 완벽하게 갈고 닦는 길이다.

> 목표를 세우고 정진하라

고립을
자초하지 마라

Don't Bring Yourself To Isolation

위신이 손상되지 않는 한 남들과 어울리기를 주저하지 마라. 자신을 대단하게 여기며 거만하게 행동하면, 결국 사람들의 비난을 받게 된다. 호감을 얻으려면 때때로 고개를 숙일 줄도 알아야 한다. 남들이 좋아하는 일을 함께 하려는 자세는 필요하지만, 품위를 잃고 부화뇌동해서는 안 된다. 그러다 보면 그간 쌓아온 존경마저 잃게 된다.

고립을 자초하지 마라. 지나친 진지함은 오히려 세상으로부터 올바른 평가를 받는 데 걸림돌이 된다. 유능한 사람이 소탈하고 겸허하게 어울릴 때, 자연스럽게 존경과 지지를 얻게 된다.

소탈하고 겸허한 태도를 지녀라

조급해하는
당신에게

Don't Be So Impatient

◉

　　자신이 원하는 대로 세상이 돌아가지 않는다고 한탄하지 마라. 신은 세상에 초연함이라는 속성을 부여했고, 그 때문에 세상은 누구에게나 똑같다. 이런 세상 속에서 지혜로운 사람은 때를 기다릴 줄 안다.

　반드시 이루고 싶은 일이 있다면 느긋한 마음을 가져라. 술이 숙성되려면 오랫동안 술통에 담겨 있어야 하는 법이다. 절대로 조급해하지 마라. 행운은 기다리는 자의 몫이다.

행운은 기다리는 자의 몫이다

용기

Courage

　　자신의 힘을 보여줄 줄 아는 사람이 되어라. 죽은 사자의 갈기는 토끼조차 잡아당길 수 있다. 결단을 내리지 못해 겪는 시련은, 용기 있게 맞서며 겪는 고난보다 훨씬 더 고통스럽다. 정신적 용기는 육체적 용기보다 우위에 있으며, 칼집에 넣어둔 칼처럼, 필요할 때 언제든 꺼내 쓸 수 있어야 한다. 그 용기는 결국, 당신을 지켜주는 단단한 방패가 될 것이다.

　겁 많은 사람은 육체적으로 나약한 사람보다 더 비참한 최후를 맞는다. 아무리 뛰어난 실력의 소유자라도, 강인한 마음이 없다면 무기력한 삶을 살다 결국 무덤으로 향하게 된다.

　자연은 벌에게 꿀의 달콤함과 침의 날카로움을 함께 허락했다. 이 사실을 기억하라.

두려움을 이겨내고 용기 있게 살아라

시대의 흐름을
읽어라

Read The Tide Of The Times

　　사람들이 추구하는 가치는 시대에 따라 달라져 왔다. 어떤 시대에는 도덕성이 뛰어난 사람이 인정을 받았고, 어떤 시대에는 재산이 사람을 판단하는 최고의 기준이었다. 그러나 명성을 얻은 사람들은 모두 세상의 흐름에서 뒤처지지 않기 위해 부단히 노력한 사람들이었다.

　현명한 사람은 시대가 요구하는 가치가 어떤 것인지를 파악하고 그 흐름을 거스르지 않는다. 시대가 바라는 가치관을 따르면서도 얼마든지 자신이 추구하는 목표를 이룰 수 있다는 점을 잘 알기 때문이다. 시대를 읽을 줄 아는 지혜야말로 언제 어디서나 사랑을 받는다.

시대의 가치를 파악하라

타인의 시선

The Eyes Of Others

　　평범한 사람은 실제의 참 모습이 아니라 외모에 따라 사람을 판단한다. 마음속에 든 악의를 달콤한 말과 부드러운 표정으로 감추면 그 속내를 알아내기 힘들다. 사람은 보통 아름다운 겉모습에 찬탄하고 화려한 말솜씨에 현혹된다.

　자신이 남들에게 어떻게 보이는지를 항상 점검하라. 감상이나 연민, 슬픔과 기쁨도 쉽게 드러내지 말고 잔잔한 미소 속에 모두 감춰라. 아무리 좋은 의도를 가지고 사람을 대해도 표정이 나쁘고 말이 거칠면 긍정적 평가를 받기 어렵다. 진실한 것도 좋지만 남들에게 어떻게 보이는지 항상 점검하는 지혜가 필요하다.

> 남에게 보이는 모습을 점검하라

분별력의 힘

Power of Discernment

　　막연한 단서만 가지고도 확실한 결과를 예상할 수 있는 사람은 대단히 지혜로운 사람이다. 모두가 인정하는 화술의 대가들도 말 속에 숨겨진 비수를 알아채지 못해 쓸쓸히 무대 뒤로 퇴장할 수밖에 없었다.

　혼탁한 세상에서는 진실을 이야기하는 사람이 따돌림을 당하고 거짓을 말하는 사람이 인정을 받는다. 거짓 속에 숨겨진 진실을 꿰뚫어 봐야 문제의 핵심을 파악하고 자신을 방어할 수 있다.

　달콤한 말에 속지 않고 신중하게 판단하는 사람만이 복잡한 승부의 세계에서 승리자가 된다. 정치에서는 특히 더 그렇다.

거짓 속에 숨겨진 진실을 꿰뚫어라

절제의 지혜

Wisdom Of Restraint

최고의 전략가들이 성공하는 비결은 지나친 욕심을 부리지 않는 데 있다. 물러날 때를 아는 것은 승리를 거두는 능력만큼이나 중요하다. 어리석은 사람들은 '조금만 더'라는 미련을 버리지 못해 결국 모든 것을 잃고 만다. 언제 나아가고 언제 멈춰야 할지를 정확히 판단하고 절제할 수 있는 능력은 지혜로운 사람이 반드시 갖추어야 할 덕목이다. 행운과 불운이 번갈아 찾아오는 세상에서, 현명한 사람은 언제든 불운에 대비한다. 순조롭게 일이 풀릴 때, 앞으로 어떤 문제가 생길 수 있는지를 미리 인식하는 사람은 드물다. 그러나 지혜로운 사람은 위기가 닥치면 당황하지 않고 침착하게 대응한다. 욕심을 자제하고, 언제든 상황이 바뀔 수 있다는 점을 염두에 두고 있기 때문이다. 일이 잘 풀릴수록 더욱 욕심을 경계하라.

나아갈 때와 물러설 때를 알라

독불장군이
되지 마라

Don't Be A Lone Wolf

　　대중이 좋아하는 것을 혼자 무시하지 마라. 설령 이해할 수 없다 해도 대중에게 만족을 주는 것에는 분명 그럴 만한 이유가 있다. 완고한 사람은 대중의 관심사를 무시하다 눈앞에 다가온 천금같은 기회를 놓치고 만다. 사업은 실패의 길을 걸을 것이고, 거듭 실패한 사람은 자신의 안목을 믿지 못하게 되어 성공의 길에서 멀어지게 된다.

　　좋은 것이 있다면 어떻게 해서든 닮으려고 노력하라. 대중이 사랑하는 것은 특별하지 않은 것처럼 보여도 그 시점에서는 가장 가치 있는 것이다.

　　　　　　　　대중이 좋아하는 것에 관심을 기울여라

우선순위를
결정하라

Decide Your Priorities

어리석은 사람은 일을 미루지만 지혜로운 사람은 지체없이 처리한다. 평범한 사람들이 흔히 저지르는 실수는 우선순위를 명확히 하지 않는 것이다. 어떤 일이 중요한지, 어떤 일을 가장 먼저 해야 하는지 결정하지 않으면 몰려드는 일감을 제대로 처리하지 못하게 된다. 얼마 지나지 않아 능력 없는 사람으로 낙인 찍힌다.

맡은 일을 성공적으로 완수하려면 전체를 보는 능력을 갖춰야 한다. 설계도 없이 집을 지으면 대들보가 들어가지 않아 다시 지어야 하는 상황을 맞을 수 있다. 일을 맡으면 먼저 밑그림을 그려라. 먼저 해야 할 일과 나중에 해도 좋은 일을 구분 짓고 나면 성공에 반쯤은 다가선 셈이다. 피할 수 없는 일이라면 즐겁게 완성하라. 지혜로운 사람은 그렇게 함으로써 좋은 평판을 얻는다.

해야 할 일을 미루지 마라

유종의 미

Successful Conclusion

　　행운의 여신이 머무는 저택에는 두 개의 문이 있다. 기쁨의 문으로 들어간 사람은 슬픔의 문으로 나오며, 그 슬픔을 감당하지 못한다. 그러나 슬픔의 문으로 들어간 사람은 기쁨의 문으로 나오고, 또 다른 행운을 기대하게 된다.

　무슨 일이든 가장 중요한 것은 결과다. 과정이 좋았다고 결과가 좋으리라는 보장은 어디에도 없다. 지혜로운 사람은 배가 떠날 때 보내는 환송의 목소리에 귀를 기울이지 않고 배가 목적지에 도착해서야 기쁨을 남들과 나눈다. 유종의 미를 거두는 것은 그만큼 중요하다. 순풍에 돛을 단 듯 순조로운 항해 중에도 풍랑을 만나 비극적인 결말을 맞을 수도 있다. 세상사도 마찬가지다. 끝이 좋아야 모든 것이 좋다.

모든 일은 마지막이 중요하다

명성과 능력

Reputation And Ability

위대한 사람은 뛰어난 무리 속에서도 두각을 나타낸다. 평범해서는 누구에게도 인정받을 수 없다. 최고의 자리에서 탁월함을 증명해 보이면 자연스레 명성을 얻을 수 있다.

주목받지 못하는 직업이나 조직에서 뛰어난 성과를 거둠으로써 주변 사람들로부터 인정받는 것도 의미있는 일이다. 하지만 그것을 '위대한 성취'라고 하지는 않는다. 오히려 '그 정도 일은 나도 할 수 있어'라는 대중의 질시 섞인 반응을 얻기 쉽다.

대중들에게 자신의 탁월함을 드러내라. 은자(隱者)처럼 초야에 묻혀 살지 않고서야 세상 사람들과의 경쟁을 피할 방법이 없다.

자신의 탁월함을 드러내라

최고가 돼라

Be The Best

　　다른 사람들이 경험하지 못한 분야에 진출하는 것은 자신의 탁월함을 알릴 수 있는 좋은 기회다. 사람들은 1등은 기억하지만 2등은 기억하지 않기 때문이다.

　　뛰어난 재능을 가지고 있다 해도, 남의 뒤를 따르면 영원히 그 그림자에 묻혀 자신의 이름을 크게 빛내지 못한다. 지혜로운 사람은 소의 꼬리가 되기보다는 닭의 벼슬이 되려고 한다.

　　명성을 얻으려면 언제 어떤 자리에서든 최고가 되어야 한다. 2인자는 모방자라는 평가 이상을 듣기 힘들다. 상종가를 달리는 직업의 2인자가 되기보다는 두 번째로 좋은 직업의 1인자가 되어라.

　　　　　　최고가 될 수 없다면 최초가 되어라

취미 선택의
중요성

Importance Of Choosing A Hobby

배움을 통해 지식을 늘릴 수 있는 것처럼 취미도 단련하기에 따라 얼마든지 품격을 높일 수 있다. 지혜로운 사람이 고상한 취미를 갖고자 노력하는 데는 특별한 이유가 있다. 고상한 취미를 갖고 있으면 좀 더 나은 것에 대해 알고 싶어하는 욕구가 커지고 그런 욕구를 채워나가면서 자신이 어느 정도나 발전할지 가늠해보는 즐거움이 생기기 때문이다.

상대방이 지닌 재능을 측정하는 가장 좋은 방법은 그 사람이 무엇을 바라는지 알아보는 것이다. 뛰어난 인물일수록 가치가 높은 것에만 반응한다. 그와 마찬가지로 성숙하지 못한 사람이 고상한 취미를 갖기는 힘들다.

취미는 사람들과 교제하는 가운데 연마되며 단련을 게을리하지 않아야 비로소 자신의 것이 된다. 고상한 취미를 가져라. 뛰어난 인물과 교제할 때 고상한 취미를 즐길 줄 아는 사람이 유리하다는 것은 만고불변의 진리다.

고상한 취미를 즐기는 사람이 출세한다

실수했을 때

When You Made A Mistake

     진정으로 지혜로운 사람은 흘러간 일에 연연하지 않는다. 반성하고 같은 실수를 반복하지 않는 것은 현명한 일이지만, 과거에 사로잡혀 앞으로 해야 할 일을 소홀히 하는 것은 어리석은 일이다. 역사적으로 과거에 얽매여 고민하느라 시간을 낭비한 위인은 없었다.

  신중하다는 것과 고민이 많다는 것은 분명히 구분되어야 한다. 신중한 사람은 자신의 장단점을 파악하기 위해서 노력하지만, 고민하는 사람은 벅찬 과제를 선택하고는 해법을 찾지 못해 끙끙 앓는다. 일단 지나간 일은 어떻게 해도 원상태로 되돌려 놓을 수 없다는 사실을 인정하고 이미 저지른 잘못에서 무엇을 배울까를 생각하라. 한 번의 실수는 '그럴 수도 있지'라고 받아들일 수 있지만 두 번, 세 번 반복되면 그것은 실수가 아니라 무능력이다.

                  같은 실수를 두 번 반복하지 마라

결단력이 부족한
당신에게

For Those Who Lack Determination

　　스스로 결단을 내리지 못하고 남들이 결정을 내려주기를 목이 빠져라 기다리는 사람이 있다. 그런 사람은 대개 판단 능력이 부족한 데다 자신이 내린 결정에 대해서도 실행하려는 마음의 자세가 거의 없다. 어려움을 예측하는 것은 평범한 사람도 가능하지만, 어려움을 극복하는 방법을 찾아내는 것은 강한 의지로 무장된 사람만이 할 수 있다.

　세상에는 남의 말에 개의치 않고 정확한 판단력과 결단력으로 끝내 성공에 이르는 사람도 있다. 그들은 높은 지위에 앉을 능력이 있음을 일의 성과로 증명한다. 그러므로 일단 입으로 꺼낸 말은 좋은 것이든 나쁜 것이든 즉각 행동으로 옮겨서 여유 있게 끝내는 것이 낫다.

확신을 가지고 결단을 내려라

명성

Fame

 상급자란 이유로 아랫사람을 무시하는 사람들이 있다. 하지만 직위는 현재의 가치에 대한 인정일 뿐 사람이 가진 잠재성을 판단하는 잣대가 될 수 없다. 어딘가 부족해 보이는 사람도 가슴속에는 저마다 지혜의 칼날을 품고 있다. 다른 사람의 능력을 제대로 판단하지 못하는 사람은 높은 직위에 있더라도 얼마 못 가 신중하고 지혜로운 사람에게 밀려나게 된다.

 명성이라는 껍데기에 현혹되지 마라. 포장은 그럴 듯하지만 겪어보면 엉망인 사람이 너무나 많다. 상대방이 이루어내는 성과를 보고 그를 판단하라. 허례허식에 사로잡혀 도움도 되지 않는 이들과의 친분을 억지로 이어 나갈 필요는 없다.

> 명성에 함부로 현혹되지 마라

옳은 것과
그른 것

The Right And The Wrong

어리석은 사람은 자신과 의견이 다른 사람들을 싸잡아서 비웃는다. 하지만 옳고 그름은 어느 한쪽에 머물러 있는 개념이 아니다. 어떤 입장에 서 있느냐, 어떤 방식으로 세상을 바라보느냐에 따라 달라질 수 있기 때문이다. 편향된 시각을 가지고 판단하는 사람은 코끼리 다리를 만지면서 기둥이라고 말하는 장님과 조금도 다를 바 없다. 자신의 판단이 잘못되지 않게 하려면 늘 중용의 미덕을 지키는 지혜를 배워라. 또한 사람들의 칭찬에 우쭐대지 말고 비난에도 기죽지 마라. 어차피 그들은 자신의 기준에 따라 좋고 싫음을 표현했을 뿐, 옳고 그름을 지적한 것이 아니기 때문이다. 지혜로운 사람은 백 년도 가지 못할 찬사를 받기 위해 살지 않는다.

칭찬에 우쭐대지 말고 비난에 기죽지 마라

유능한 사람의
일 처리법

How Competent People Work

쓸데없는 집착으로 다른 사람을 성가시게 하지 마라. 깔끔하게 일을 처리하면 기분이 좋아지고 더 많은 일을 해낼 수 있다. 훌륭한 내용에 간결함이 더해지면 효과는 배가된다. 핵심만을 정확히 짚어 강조하면 당신은 훌륭한 일꾼으로 인정받게 될 것이다.

일을 번잡스럽게 만들지 마라. 남들에게 나눠줄 시간이 있다면 자신을 위해 조금 더 투자하는 게 몇 배 이득이 되는 장사다. 지혜로운 사람은 쓸모없는 이야기로 남을 귀찮게 하지 않는다. 일을 할 때도, 말을 할 때도 요점만 추려 간결하고 깔끔하게 하라.

번잡스러운 일을 자초하지 마라

포용력

Catholicty

　　야수 같은 사람은 상대가 누구든 비난하고 물어뜯어 상처를 낸다. 이들에게는 적도 친구도 없으며, 모든 일에 불만을 제기한다. 그러나 이런 사람들은 탁월함과는 거리가 멀다. 오히려 제대로 할줄 모르는 사람일수록 남을 헐뜯기를 좋아한다. 이들은 험담에만 열중하느라 자신이 얻을 수 있었던 좋은 기회를 손가락 사이로 흘려버린다.

　그에 비해 지혜로운 사람은 포용하고 용서하는 마음을 지녔다. 그들은 아주 사소한 것이라도 긍정적 측면을 바라보며 잠재된 가능성을 싹틔우기 위해 애쓴다. 기회는 모든 사람에게 공평하게 제공된다. 그것을 잡고 못 잡고는 자신에게 달려 있음을 잊지 마라.

포용하고 용서하는 마음을 지녀라

박수 칠 때
떠나라

Leave When You Get To The Summit

　　해가 질 때까지 기다리지 마라. 지혜로운 사람은 때가 되면 미련을 버리고 그 자리를 떠날 줄 안다. 해는 구름 뒤로 자신을 숨기고 밤으로 스러져가는 자신의 모습을 누구에게도 보여주지 않는다. 물러날 때가 되었을 때 과감히 포기하지 못하면 주변 사람들의 원성을 사게 된다. 남들이 등 돌리는 모습을 보고 싶지 않다면 먼저 등을 돌려야 하는 것이 세상의 이치다.

　　지혜로운 사람은 경주마를 은퇴시킬 시기를 안다. 경주 중에 쓰러져 모두의 비웃음을 사기보다는 정상에서의 늠름한 모습을 사람들의 머릿속에 각인시키는 편이 훨씬 낫다. 이것은 적당한 때에 물러설 줄 아는 사람만이 알고 있는 지혜다.

　　　　　　　　　　떠날 때와 물러날 때를 알아라

침착함과
냉정함

Calmness And Cool-Headedness

불행의 늪에 빠져 허우적거리는 사람에게 섣불리 도움의 손길을 내밀지 마라. 그들은 비명을 지르며 절박한 모습을 보이지만 사실은 불행의 하중(荷重)을 대신 짊어질 사람을 찾고 있을 뿐이다.

그들은 청할 줄만 알지 상대에 대해서는 조금도 생각하지 않는다. 이런 사람은 설령 과거에 협박을 했거나 속인 적이 있는 상대와도 교묘하게 연을 맺어둔다. 우리 몸을 위험에 빠뜨리지 않은 채 불행을 겪는 사람을 구하려고 한다면 먼저 침착하고 냉정해질 필요가 있다.

　　　　다른 사람의 불행에 쉽게 손 내밀지 마라

평생
잘나가는 사람

The One Who Always Triumphs

　　인생의 정점에 서 있을 때야말로 불행을 대비하기 좋은 시기다. 평판은 다른 사람의 애정을 통해서 얻게 되는 것이므로 긍정적 평판을 누리고 있을 때 남들의 호의를 얻기가 쉽다. 개미가 여름에 열심히 음식을 모으는 것은 겨울에 괴로움을 겪지 않기 위해서다. 자연이 알려주는 지혜에 귀를 기울여라.

　어리석은 사람은 남들에게 인정받고 있다고 뻐기며 순간의 행복을 저장해둘 줄 모른다. 지혜로운 사람은 주위 사람들에게 많이 베푼다. 아무리 별 볼 일 없는 사람이라도 언제 큰 이름을 얻고 높은 자리에 오르게 될지는 누구도 장담할 수 없다. 되도록 많은 사람과 우호적 관계를 유지하고 여유가 있으면 그들을 도와라. 어려울 때 힘이 될 것이다.

　　　잘나갈 때일수록 관계에 많은 노력을 기울여라

마음에는
용서만한 약이 없다

Forgiveness Is The Best Medicine

　　남에게 싫은 소리를 들을 만한 일을 저지르지 마라. 반감이란 부르지 않아도 스스로 알아서 달려오는 법이다. 미움을 살 만한 일을 하는 사람은 자기도 모르는 사이 주변에 아무도 남지 않게 된다. 이것은 마치 뱀에 물리면 독이 온몸에 퍼져나가는 것과 같다. 재빨리 빨아내지 않으면 몸이 뻣뻣해지고 결국에는 죽게 될 것이다.

　여유로운 마음과 다른 사람의 잘못을 기꺼이 용서해주는 배포를 가져라. 미움이라는 이름의 독에는 용서만한 약이 없다. 오랫동안 누군가를 증오하는 것은 자신에게도 손해다. 원망은 아무리 깊이 감추어 놓아도 썩는 냄새를 피우기 때문이다. 뿌린 대로 거두는 것이 세상의 이치다. 존경받고 싶다면, 늘 존경하라. 그리고 성공해서 보상받고 싶다면 먼저 다른 사람에게 보상하라.

미움은 자신을 불행하게 만든다

너무
솔직하지 마라

Don't Be Too Honest

　　　　자신의 마음을 보여주는 것 못지않게 중요한 일이 있다. 자신의 실수를 남에게 드러내지 않는 것이다. 세상에 실수하지 않는 사람은 없다. 다만 정도의 차이가 있을 뿐이다. 실수를 숨기지 못하는 것은 실수를 두 배, 세 배로 키우는 일이다. 지혜로운 사람은 자신에게 돌아올 손해를 예견하고 실수를 감추며, 어리석은 사람은 솔직함이 미덕이라고 생각하고 잘못을 고백한다.

　세상의 평판은 바른 행동을 했다고 해서 좋아지는 것이 아니다. 그것은 눈에 띄는 영역에서 얼마나 멋지게 보이느냐에 달려 있다. 높은 지위에 있는 사람일수록 실수를 감추는 자세가 필요하다. 위대한 사람을 끌어내리는 것은 대중의 평판이다.

　가능하다면 자신까지도 속여라. 자신의 실수를 마음속

으로라도 인정하고 있으면 부지불식간에 입을 통해 새어 나오게 마련이다. 실수를 남에게 드러내지 않는 것은 지혜로운 사람이 반드시 지켜야 할 능력 중 하나다.

> 쓸데없이 솔직할 필요는 없다

참견하기 좋아하는 당신에게

For Those Who Love To Meddle

　　폭풍우가 몰아칠 때 안전한 항구로 돌아가는 것은 지혜로운 선장이 선택할 수 있는 최소한의 대비책이다. 주변 사람들의 문제에 쓸데없이 개입하지 마라. 어설프게 남을 도우려다 오히려 일을 더 망치는 경우가 비일비재하다. 남의 문제는 자연스럽게 물 흘러가는 대로 내버려 둬라.

　노련한 의사는 치료를 해야 할 때와 그러지 말아야 할 때를 구분할 줄 안다. 때로는 아무런 치료도 하지 않는 것이 나을 수도 있다. 흙탕물을 깨끗하게 하겠다고 손으로 휘저어 봐야 물은 더욱 흐려질 뿐이다. 다른 사람에게 문제가 있다면 스스로 고칠 때까지 기다리는 것이 가장 지혜로운 방법일 수 있다.

> 남의 문제에 함부로 개입하지 마라

사람의 마음을
읽는 법

How To Read People's Minds

다른 사람을 꿰뚫어 보는 방법을 배워라. 겉모습을 번드르르하게 꾸미고 다니는 사람일수록 제 역할에 충실하지 못하거나 남을 속이려고 꿍꿍이를 꾸미고 다닐 확률이 높다. 어리석은 사람은 화려한 겉모습에 현혹되어 현명한 판단을 내리지 못하고 교활한 사람들에게 끌려다닌다. 진실은 원래 속도가 느려서 오랜 시간이 지나야 마지막으로 겨우 도착한다. 지혜로운 사람은 한쪽 눈과 귀로는 겉모습을 관찰하면서도 나머지 눈과 귀는 진실을 향해 열어놓고 느긋하게 기다린다. 남을 속이려는 사람이 서두르는 이유는 진실이 드러날 때 설 자리를 잃기 때문이다.

차분한 마음으로 진실이 수면 위로 떠오르기를 기다려라. 그것이 상대를 꿰뚫어 보는 가장 좋은 비결이다.

상대방을 신중하게 파악하라

자신을
돋보이게 하려면

How To Make Yourself Stand Out

자신과 비교해서 지나치게 뛰어난 사람은 멀리해야 한다. 아무리 진실하고 성의를 다하는 사람이라도 자신보다 월등한 존재 옆에서는 빛을 잃게 마련이다. 그런 사람과 같이 있으면 당신은 영원히 그림자로 살아갈 수밖에 없다.

지혜로운 사람은 자신을 돋보이게 하는 사람들과 사귄다. 마르티알리스의 시에 등장하는 파불라는 볼품없는 여자들만 골라 몸종으로 삼았다. 그럼으로써 자신의 아름다움을 한층 눈에 띄게 할 수 있었다. 자신의 평판이 남의 영예를 더하는 데 쓰이는 억울한 일도 세상에는 있는 법이다. 이름이 알려진 뒤에는 자신을 돋보이게 하는 사람과 함께하라.

지나치게 뛰어난 사람을 멀리하라

감정 조절법

How To Control Emotions

지혜로운 사람은 극단적인 상황 앞에서 미리 마음의 준비를 한다. 격렬한 논쟁 속에서도 최소한의 이성을 유지하기 위해서다.

감정 조절을 위해 가장 먼저 할 일은 자신이 냉정함을 잃고 있다는 사실을 인정하는 것이다. 일단 정신적으로 제동을 걸었다면 그 다음에는 깊고 느리게 숨을 내쉬어야 한다. 이완된 육체가 감정 조절을 돕기 때문이다. 이렇게 하면 좀처럼 화를 내기가 힘들다. 그렇게 잠시 숨을 돌리는 동안 당신의 이성은 다시 분별력을 발휘하기 시작한다.

'말(馬) 위에서는 현명한 사람이 없다'라는 스페인 속담이 있다. 감정이라는 이름의 날뛰는 말 위에서는 현명함을 유지하기가 그만큼 어렵다는 뜻이다. 격한 감정이 치밀어 오를 때 자제의 고삐를 당길 줄 아는 지혜로운 사람이 되어라.

자신의 감정을 지배하라

인내의 중요성

Importance Of Patience

　　많이 배운 사람일수록 상대를 보는 눈은 엄격해진다. 지식이 늘어나면 사람을 평가하는 기준이 높아지기 때문이다. 학식이 높은 사람의 안목에 꼭 들어맞는 사람을 찾는 일은 결코 쉬운 일이 아니다. 그리스의 철학자 에픽테토스는 이렇게 말했다.

"삶에서 가장 중요한 것은 인내할 수 있는 의지다."

만약 당신이 믿고 따라야 하는 윗사람이 어리석다면 그것만큼 고통스러운 일도 없을 것이다. 그러나 그러한 때야말로 인내심을 기를 수 있는 절호의 기회다. 인내는 사람을 지혜롭게 하는 자양분이다. 어리석은 행동을 보고도 참을 수 있다면, 당신은 이미 삶의 지혜를 손안에 쥐고 있는 셈이다.

　　　　　　　　　　인내는 사람을 지혜롭게 한다

감언이설을
경계하라

Beware of Sweet Talk

지혜로운 사람에게는 날카로운 안목이 있다. 그들은 말만 번지르르한 사람과 행동하는 사람을 구별할 줄 알며, 자신을 이용하려는 사람들과 진심으로 다가오는 사람들을 다른 방식으로 대한다.

험담이나 늘어놓고 다니는 사람을 가까이하지 마라. 이런 사람은 재미 삼아 상대의 약점을 들춰내고 추문을 퍼뜨리는 일에 몰두한다. 또한 소문만 가지고 불확실한 일을 진실인 양 받아들이지도 말고 아첨하는 말에 현혹되지도 마라. 그럴듯한 말에 넘어가는 사람은 마치 거울에 비친 모이를 쪼아 먹으려다 함정에 갇힌 새처럼 불행해지게 마련이다. 허영심이 강한 자들은 이러한 꾐에 무방비 상태로 넘어간다. 번듯한 말에 속지 말고 사람의 됨됨이를 볼 줄 아는 지혜를 갖춰라.

그럴듯한 말에 현혹되지 마라

행복한 삶의 비결

Secret To A Happy Life

　　지혜로운 사람은 쫓기듯 살아가지 않으며 미래 계획을 세움으로써 여유롭고 행복한 삶을 살아간다. 여유 없는 인생만큼 고달프고 괴로운 것도 없다. 그것은 마치 노독(路毒)에 지쳐 허름한 여관의 쪽방에서 잠을 청하는 나그네의 삶과 같다. 어리석은 사람은 불확실한 행운을 믿으며 평생 소화시킬 수 없는 양을 한꺼번에 먹어치우려고 한다. 그런 사람은 성과를 내야 한다는 강박관념에 사로잡혀 중요한 것을 놓치고 만다.

　지혜로운 사람은 지식을 얻을 때도 결코 재촉하는 법이 없다. 꼭꼭 씹어서 잘 소화시킨 지식만이 피가 되고 살이 된다는 점을 알고 있기 때문이다. 일은 신속하게 해치워야 하지만 인생은 천천히 즐기는 편이 낫다. 행복한 삶의 비결은 바로 여기에 있다.

여유롭게 천천히 살아라

있는 척하는 사람

Pretentious Person

　　'퍼주기'를 좋아하는 사람이 있다. 그들은 쓸데없는 명분에 집착해 잔뜩 베풀어 놓고는 '미래를 위한 투자'였다며 스스로 다독인다. 하지만 자신이 베푼 만큼 돌려받지 못하면 언제 그랬냐는 듯 남을 탓하고 비난한다.

　　지혜로운 사람은 허세를 부리지 않으며 실속을 차릴 줄 안다. 내 손 안의 새 한 마리가 숲에 사는 새 수백 마리보다 더 가치 있다. 지혜로운 사람은 자신에게 득이 되는 일을 하고 손해 볼 일은 하지 않는다. 여럿이 앉은 식탁에서 체면을 차리느라 음식을 계속 사양하다 보면 배가 고프게 마련이다.

　　당장 여유가 없는데도 자신의 능력을 뛰어넘어 동정을 베풀지는 마라. 가진 것이 많아지면 자연스레 주위를 돌아볼 여유도 생긴다.

능력 밖의 동정을 베풀지 말라

행운을
불러들이는 법

How To Bring Good Luck

　　행운은 누구에게나 찾아온다. 다만 어떻게 해야 행운을 불러들일 수 있는지를 모를 뿐이다. 지혜로운 사람은 자신에게 어울리는 행운을 찾아낼 줄 알며, 약간의 노력을 보태는 것만으로 인생의 장도(壯途)에서 성공을 향해 나아갈 수 있다. 가령 인정받지 못하던 사람이 지역이나 분야를 바꿔서 목표를 성취하는 것은 행운을 읽을 줄 아는 사람이 자신에게 맞는 일을 찾아낸 결과다.

　행운의 여신은 마음이 내키는 대로 운명의 카드를 뽑는다. 하지만 자신의 카드를 적절한 때에 내미는 것은 우리의 능력이다.

행운에는 약간의 노력이 필요하다

하고 싶은 대로
다 할 수 있다면

If You Can Do Whatever You Want

　　　　남들이 좋다고 하는 것에 매달려 자신의 삶을 등한시하는 사람들이 있다. 객관적으로 볼 때 그것이 실제로 자신의 것보다 나을 수 있다. 그러나 남들이 선호하는 것에서 자신의 행복을 얻을 수 있는지는 경험해 보기 전에는 알 수 없는 일이다. 어리석은 사람은 그저 남들이 좋다고 하는 것을 좇고 이룰 수 없는 일에 도전하느라 불행해진다.

　　다른 사람의 행복을 부러워하지 마라. 과거에 아무리 위대한 업적을 이룬 사람이 있고 행복하게 산 사람이 있다고 해도 우리는 지금 이 순간에 살고 있으며 우리가 추구해야 할 대상도 이곳에 있다. 지금 가진 것에 만족하고 현실에 최선을 다해 살아가는 사람이 지혜로운 사람이다.

　　　　　　　　　타인의 행복을 부러워하지 마라

친구를
사귀는 법

How To Make Friends

　　많은 사람들은 인연이 발전하면 우정이 된다고 생각한다. 하지만 친구를 선택하는 데도 기술이 필요하다. 친구를 고를 때는 분별력이 있는 사람이냐 아니냐, 심지어는 운이 좋으냐 나쁘냐까지도 살펴본 다음 선택해야 한다. 의지가 굳건하고 총기로 눈이 빛나는 친구라면 금상첨화다.

　　지혜로운 사람은 어리석은 사람과 친해지지 않으며 즐거움만을 찾아 어울리는 우정은 끝이 좋지 못하다. 인생살이에 풍성한 열매를 가져오고 성공을 약속하는 우정은 서로 대등한 입장에서 서로를 과감하게 비판할 줄도 알아야만 성립된다. 친구가 많다고 해서 좋은 것은 아니다. 친구를 사귈 때는 충분히 까다로워져라.

　　　　　친구를 사귈 때는 충분히 까다로워져라

매사에
부정적이라면

If You're Negative About Everything

칼을 줄 때는 항상 칼자루를 잡아야 한다. 칼자루를 쥐는 사람은 우위에 서서 일을 하게 되지만 칼날을 쥐는 사람은 수세적인 입장에서 일을 하게 된다. 지혜로운 사람은 언제나 칼자루를 쥐고 있으므로 적들이 함부로 덤벼들지 못한다. 감정의 문제에 있어서도 마찬가지다. 지혜로운 사람은 고통보다는 즐거움을, 부정적인 면보다는 긍정적인 면을 먼저 생각해 낸다. 썩은 사과를 골라내면서 '멀쩡한 사과가 이렇게 많이 남았군'이라고 생각하는 사람과 '멀쩡한 사과가 이것밖에 남지 않았군'이라고 생각하는 사람이 느끼는 행복의 차이는 결코 작지 않다.

같은 결과를 놓고 행복을 느끼는 사람과 슬픔에 괴로워하는 사람이 함께 있다면 지혜로운 쪽은 당연히 행복을 느끼는 사람이라는 점을 잊지 마라.

긍정적으로 생각하라

말로 남을
헐뜯지 마라

Don't Speak Ill Of Others

유명세를 얻기 위해 다른 사람의 명예를 손상시키지 마라. 조그마한 이득 때문에 말을 부풀리지도 마라. 그런 사람은 남의 명예를 더럽히는 사람이라는 평판을 얻고 만다. 다른 사람을 희생시킴으로써 얻는 결과는 치명적이다. 남을 헐뜯는 사람은 보복을 받게 되고 그런 사람들이 감당할 수 없을 정도로 많아지면 결국 회복할 수 없는 손실을 입게 된다.

높은 지위에 있는 사람들이 당신에게 관심을 갖는다고 해서 결코 우쭐대지 마라. 그들은 그저 심심풀이로 험담꾼의 재롱을 바라볼 뿐이다. 비난의 화살은 언제나 사수(射手)의 가슴을 겨냥하고 있음을 잊지 마라.

> 다른 사람을 비난하면 자신만 손해다

생각과 행동

Thoughts And Actions

지혜로운 사람은 비밀이란 언젠가는 드러나고 만다는 사실을 안다. 그들은 혼자 있을 때도 허튼 짓을 삼가며, 세상 사람들이 모두 자신을 주목하고 있는 것처럼 행동한다.

자신의 생각을 남에게 털어놓는 것을 경계하라. 한 번 털어놓을 때마다 증인 한 사람이 더 생겨나며, 그 증인이 언제 비밀을 공공연히 까발릴지 모르는 일이다. 비밀은 조금만 누설되어도 순식간에 퍼져 나가는 법이다. 지혜로운 사람은 누구와 말다툼을 할 때에도, 비밀이 새어 나가지 않도록 마음 단속을 철저히 하고 비밀을 입 밖으로 내놓지 않는다. 낮 말은 새가 듣고 밤 말은 쥐가 듣는다는 것을 명심하라.

> 낮 말은 새가 듣고 밤 말은 쥐가 듣는다

마음의 여유

Breadth Of Mind

성공을 위해 앞만 보고 달려가는 사람은 두 눈에 가리개를 씌운 경주마와 같다. 주변을 둘러보는 여유가 없다면 언젠가는 상실의 아픔을 끌어안고 절망하게 된다.

지혜로운 사람은 눈앞에 보이지 않는 것까지 두루 살펴본다. 당면한 문제에 매달리다가 더욱 소중한 것을 잃어버릴 수도 있음을 잘 알기 때문이다. 남들에게 인정받고 성공한다고 해도 자신이 마땅히 지켜야 할 존재에게 꼭 필요한 관심을 쏟지 못했다면 그 인생이 완벽하다고 말할 수 있겠는가? 맹목적인 의지는 무기력한 이성만큼이나 사람의 삶을 파괴한다. 언제나 눈을 크게 뜨고 좌우를 둘러보는 지혜를 가져라.

가끔은 주변을 둘러보라

중용과 균형

Moderation And Balance

　　지혜로운 사람은 때때로 타인을 위해서 정성을 다할 줄 안다. 주는 만큼 얻게 마련이라는 간단한 황금률을 몸으로 실천하는 것이다. 한 현자는 "공직에 있는 사람은 국민의 뜻을 헤아려 따를 줄 알아야 한다. 그 무거운 짐을 맡지 못하겠다면 차라리 그만두는 편이 낫다"고 말했다. 이는 높은 지위에 있는 사람이 마땅히 봉사정신을 지녀야 함을 지적한 좋은 예다.

　그렇다고 해서 남을 위해서만 살아가는 사람이 지혜로운 사람인 것만은 아니다. 진정으로 지혜로운 사람은 봉사에서도 중용과 균형을 추구한다.

　누가 당신에게 접근해서 자문을 구하고 지식과 지혜를 나누어 가지려는 것은 자신들의 이익과 상관이 있기 때문이지 결코 당신을 위해서가 아니다. 헛된 수고로 아까운 시간을 낭비하지 않는 것이야말로 현명한 사람이 택해야 할 삶의 방식임을 기억하라.

                    남을 돕는 일에도 균형이 필요하다

삶의 요령

Know-How Of Life

　　실용적인 사람들과 가까이하라. 명상을 통해 근원적인 질문을 던지고 남들을 이해하고 파악하는 것만이 지혜가 아니다. 똑똑한 사람들의 맹점은 비범한 재능을 가지고 있으면서도 일상적인 일을 수행할 능력이 부족해 쉽게 속는다는 것이다.

　지혜로운 사람이 되려면 구체적인 삶의 요령을 깨달아야 한다. 장사꾼들은 비천한 존재처럼 보이지만 가장 적은 수고로 큰 이득을 남기는 방법을 알고 있다. 실용적인 사람들과 교유(交遊)하면 인생을 살아가는 요령을 배우게 된다.

　　　　　실용적인 삶의 요령을 터득하라

도움을 줄 때도
타이밍이 중요하다

Timing Is Also Important For Helping

　　은혜를 베풀 때는 대가를 바라지 마라. 지혜로운 사람은 이러한 행동을 통해 다른 사람의 호감을 사고 좋은 평판을 얻는다. 실제로 보상을 받지 못하게 되더라도 그들은 결코 실망하지 않는다. 이미 마음의 빚을 지워 놓았기 때문이다. 좋은 마음으로 베푼 선행은 언젠가는 돌아오게 마련이다.

　　또한 호의를 베풀기로 마음먹었다면 꼭 필요한 사람에게 도움을 줘라. 정말 필요할 때 도움을 받은 사람은 마음에 커다란 빚을 지니고, 감사하는 마음을 오랫동안 간직한다.

대가를 바라지 말고 도와라

남의 비밀에
관심 두지 마라

Mind Your Own Business

윗사람의 비밀을 알려고 들지 마라. 자신의 추한 모습을 보고 싶어 하는 사람은 아무도 없다. 윗사람이 마음을 터놓고 자신의 비밀을 고백한다고 해서 당신이 커다란 신임을 얻었다고 생각하는 것은 착각이다. 뱀이 허물을 벗듯이, 의존 관계가 더 이상 필요없어지면 내침을 당할 최우선 순위에 올라가게 된다는 사실을 잊지 마라.

자신의 비밀을 다른 사람들에게 털어놓는 것은 더욱 좋지 않다. 쓸데없는 고백은 자신을 노예처럼 남들에게 종속시킨다. 한 번 잃어버린 자유는 되찾기 어렵다. 비밀은 들어서도 안 되고 발설해서도 안 된다.

남의 비밀은 듣지도 말하지도 마라

때로는
바보처럼

Sometimes Pretend To Be Silly

주변에 어리석은 사람만 잔뜩 모여 있는 경우가 있다. 어리석음이라는 이름의 병은 옆에서 옆으로 전해지며 순식간에 모두를 감염시킨다. 그런 자리에서 자신의 지식을 드러내봐야 오히려 이상한 사람으로 낙인찍힐 따름이다.

그렇다고 똑같이 어리석은 사람이 되어서는 곤란하다. 진정한 지혜는 마음속에 갈무리하고 꼭 필요한 실용적 지식만을 내보여라. 세상에는 바보의 탈을 쓰고 인생을 살아가는 지혜로운 사람이 아주 많다.

때로는 바보의 탈을 써라

화를
키우지 마라

Don't Raise Anger

사소한 재앙이라도 가볍게 여기지 마라. 홀로 찾아오는 것은 없다. 행복이든 불행이든 모든 것은 사슬로 연결되어 있는 법이다. 잠들어 있는 불행을 깨우지 마라. 조금만 미끄러지면 불행은 계속될 것이며 그 나락은 끝이 없다.

완벽한 행복이 얻기 어려운 것만큼 재앙 또한 그 끝을 헤아리기가 어렵다. 하늘에서 내려오는 일은 인내로써 감내하고 지상에서 일어나는 일은 지혜로써 현명하게 대처하라.

> 잠들어 있는 불행을 깨우지 마라

적수의 가치

Value Of A Rival

만만치 않은 적수일수록 능력이 있다는 사실은 부정하기 어렵다. 경쟁심은 경쟁심대로 유지하되, 능력은 있는 그대로 인정하라. 어리석은 친구는 자신에게 마이너스가 되지만, 뛰어난 적수는 승부욕 때문에라도 긍정적인 영향을 준다.

지혜로운 사람에게는 과단성이 있어서 뛰어난 적수를 자기 편으로 끌어들일 줄 안다. 당신의 명예를 훼손하려는 상대에게 칭찬을 아끼지 마라. 혀끝의 독은 감사로 변하고 악의는 신뢰로 바뀔 것이다. 이는 몸에 익힐 만한 가치가 있는 처세술이다. 뛰어난 적을 친구로 삼으면 훌륭한 협조자가 된다.

> 뛰어난 적을 친구로 삼아라

소신과 고집을
구분하지 못하는 사람

**Those Who Cannot Distinguish
Between Conviction And Stubbornness**

　　일의 성공을 가로막는 사람은 대체로 고집이 세다. 고집을 부린다는 것 자체가 사물을 바르게 보고 있지 않다는 증거이므로, 그런 사람이 하는 일이 잘될 리 없다. 그들은 무슨 일이든 먼저 다투고 싸워 자기 의견을 관철시키고, 끝내 자신이 이겨야만 직성이 풀린다.

　이런 사람이 윗사람이 되면 상황은 더욱 악화된다. 그들은 모든 일을 쉬쉬하며 은밀하게 추진한다. 그러면서 잘되면 내 덕이요, 잘못되면 다른 사람 탓이라고 큰소리친다. 결국 조직은 와해되고 사람들은 떠나간다.

　지혜로운 사람이 남의 조언에 항상 귀를 기울이는 이유는 고집불통이 범하는 오류를 제대로 이해하고 있기 때문이다. 고집이 센 사람들은 완고한 마음과 사나운 심장을 가지고 있다. 그들의 노예가 되는 것을 피하라.

고집 센 사람의 노예가 되지 마라

때로는 잊어라

Sometimes Forget

　　　　기억력은 때때로 난감함을 안긴다. 기억해야 할 것은 쉽게 잊히고 잊어야 할 일은 좀처럼 머릿속을 떠나지 않기 때문이다.

　고통스러운 일에는 한없이 관대하고 즐거운 일에는 끝을 모르게 인색한 것이 기억의 속성이다. 괴로운 기억으로 힘들 때는 신경을 분산시키기 위해 몸을 혹사하라. 피곤에 절은 육체에는 다른 생각이 깃들 여지가 없다.

　지혜로운 사람은 불편한 기억들로 인해 고통받지 않는다. 나쁜 기억도 시간에 풍화되어 언젠가는 조용히 스러지고 말 것임을 알기 때문이다. 과거의 일로부터 초연해지려면 잊어버리는 기술을 습득하라. 지혜로운 사람은 그렇게 한다.

　　　　　　　　잊어버려야 할 기억은 잊어버려라

비움은
또 다른 채움이다

Emptying Is Another Way Of Filling

　　　　모든 것을 소유하려고 하지 마라. 욕심을 부려 주둥이가 좁은 병에 손을 집어넣으면 손이 빠지지 않아 고생하는 법이다. 일의 성과는 나누고, 금전은 부족하지 않을 만큼만 소유한 후 베풀어라. 다른 사람이 소유하고 있는 것을 즐길 줄 아는 지혜만 있으면 인생은 즐거워진다.

　일이나 물건을 뺏기지 않을까, 잃어버리지 않을까 노심초사할 이유도 없고 언제나 새롭다는 느낌을 받으며 즐길 수 있다. 가진 것을 내놓을 때 또 다른 것으로 채울 수 있다. 부족하지 않을 만큼만 가져라.

　　　　　　　　　부족하지 않을 만큼만 가져라

운명의 힘

Power Of Destiny

운명은 불현듯 나타나 우리의 삶을 뒤흔든다. 오랫동안 준비한 계획도 운명 앞에서는 단숨에 엉망이 되고 만다. 운명의 힘을 간과하지 마라. 중요한 일을 수행하고 있다면 더욱 그래야 한다.

생각과 마음과 행동과 태도에서 틈을 보여서는 안 된다. 긴장을 늦추는 바로 그 순간, 운명은 장난을 치기 시작한다. 몸과 마음은 파멸될 것이며, 기회를 노리고 있던 자들은 가차 없이 당신을 밟고 올라설 것이다.

성경에는 준비되지 않은 여인들이 결혼식에 들어가지 못하는 이야기가 나온다. 항상 깨어 있어라.

> 운명의 힘을 간과하지 마라

무모한 도전을
즐기는 사람에게

For Those Who Enjoy Reckless Challenges

확실한 방법을 선택하라. 독창적이라고 인정을 받지는 못하지만 적어도 건실하다는 평가는 얻을 수 있다. 모든 면에서 정통한 사람이라면 자신의 꿈을 키워도 괜찮다. 하지만 제대로 알지도 못하는 상태에서 위험을 무릅쓰고 사업을 진행하는 것은 파멸의 길로 들어서는 지름길이다.

무슨 일이든 정도로 나아가라. 수많은 시행착오를 거쳐 만들어진 길이라면 잘못될 일은 거의 없다. 자신만의 특별한 방식을 정립하지 못한 사람은 잘 알려진, 큰 길을 따라가는 편이 낫다. 섣불리 오솔길을 걷다가 길을 잃는 것은 숲을 여행하는 초보자가 범하기 쉬운 실수다. 잘 모르면 가장 안전한 길을 택하는 것이 지혜로운 사람이 취해야 할 자세다.

잘 모르겠다면 확실한 길을 택하라

지혜로운 사람과 동행하라

Accompany The Wise

지혜로운 사람의 말 한 마디는 대중의 칭찬 백 마디보다 훨씬 더 소중하다. 그들의 의견을 경청하고 올바른 판단력을 갖춰 나가면 인생이 몇 배는 가치 있게 바뀐다. 참된 스승이나 친구의 격려는 인생에 가장 큰 만족을 가져다준다. 그래서 플라톤은 아리스토텔레스를 그의 수제자로 삼았던 것이다.

천박하고 분별력이 없는 사람은 현명한 사람 대신 평범한 사람을 친구로 삼는다. 그들은 수준 낮은 친구를 바라보며 자신은 그보다 낫다고 안심하며, 지혜로운 사람에게 자극받아 분발하는 일을 귀찮아한다.

인생은 매우 짧아 혼자서 모든 것을 다 배우고 대처하기에는 시간이 턱없이 부족하다. 능력 있는 사람을 친구로 맞아들여라. 위대한 인물을 곁에 두면 그만큼 성장하게 되고 자신이 세운 목표에 좀 더 근접하게 된다. 아랫자리에 그런 사람을 둘 수 없다면 친구로라도 삼아라. 지혜로운 사람을 적으로 만드는 것은 스스로 무덤을 파는 일이다.

지혜로운 사람은 당신의 인생을 성공으로 이끈다

7년마다
자신을 돌아보라

Reflect On Yourself Every 7 Years

　　　　인간은 7년에 한 번씩 새롭게 태어난다고 한다. 처음에는 이성이 생겨나고 그 이후로는 7년마다 새로운 미덕이 추가된다는 것이다. 다른 사람에게도 이러한 기회는 똑같이 주어지므로 우리는 서로의 이성을 고양하도록 끊임없이 노력해야 한다. 많은 사람이 높은 지위를 바라보고 자신에게 합당한 직업을 찾는 것은 모두 그러한 지혜의 소산(所産)이다.

　옛말에 의하면, 인간은 스무 살에는 공작새와 같고, 서른 살에는 사자가 되며, 마흔 살에는 낙타로 살고, 쉰 살에는 뱀의 지혜를 갖게 되며, 예순 살에는 개에 해당하는 과정을 거쳐, 일흔 살에는 원숭이가 되고, 여든 살에는 무로 돌아간다고 한다. 이러한 변화는 느리고 순차적으로 나타나기 때문에 거듭 성찰하지 않으면 깨달을 수 없다.

　　　　　　　　자신을 돌아보며 함께 성장하라

높은 자리에 오른
당신에게

For Those In Leadership

사람들은 지위가 한 인간의 위대함을 결정짓는다고 말한다. 하지만 역량이 부족한 사람들은 높은 자리에 오르더라도 그것을 감당하지 못해 이리저리 끌려다니다 쓸쓸히 퇴장하고 만다.

항상 지위 이상으로 더 큰 그릇을 갖추도록 노력하라. 지위에 따르는 중압감을 자신을 분발하게 하는 채찍으로 여겨라. 또한 지금의 자리에 머물기는 아깝다는 평가를 듣도록 노력하라.

지혜로운 사람은 지위에 따르는 책임과 자신을 향한 세상의 눈길을 즐기며 좀 더 뛰어난 사람이 됨으로써 현재의 어려움을 극복한다. 반면 아둔하고 도량이 좁은 사람은 직책의 중압감에 허덕이며 화를 냄으로써 도움을 주는 사람들에게 폐를 끼친다. 로마의 황제 아우구스투스는 황제 자리에 올랐다는 것보다는 자신의 그릇이 세상을 담을 정도로 커졌음을 더 자랑스럽게 여겼다. 이와 같은 경지는 고결한 정신과 성공을 뒷받침해 주는 능력이 어울러질 때 가능하다.

지위보다 높은 역량을 키워라

사람들에게
인정받는 비결

Secret To Recognition

뭔가 대단한 성취라도 이룬 것처럼 떠벌리는 사람이 있다. 그러나 대부분은 남의 업적을 가로채거나 시작조차 하지 않은 일을 과장하는 사람들이다. 대중은 그들의 말에 기뻐하고 환호하지만, 결국 이러한 찬사는 비웃음으로 바뀔 헛된 명예일 뿐이다.

카멜레온이 자신의 색깔을 바꾸어 가며 남들의 눈길을 끌 때 개미는 묵묵히 자신의 탑을 쌓아 올린다. 지혜로운 사람은 속된 칭찬을 받기 위해 전전긍긍하지 않고 결과로써 인정받는다. 지혜로운 사람이 되고 싶다면 행동으로 보여주어야 한다. 허영심은 가능한 한 적게 가질수록 좋다. 결과가 기대보다 좋을수록 많은 사람에게서 인정받는다.

묵묵히 자신의 일을 하라

조금씩 천천히

Little By Little

목마른 이에게 물을 주되 완전히 해갈시키지는 마라. 기대를 전부 충족시키기보다는 조금 부족한 상태로 남겨두어라. 선물을 받을 때의 기쁨은 기다린 만큼 배가되는 법이다. 기다림을 유도함으로써 상대의 입가에 감미로운 여운을 남겨라. 이것이야말로 지혜로운 사람만이 할 수 있는 일이다.

감미로운 뒷맛을 남겨라

극복하는 즐거움

Joy Of Overcoming

지혜와 의지는 인간 능력의 양대 원천(源泉)이다. 똑똑한 사람들은 끈기가 부족해서 실패하며, 의지가 강한 사람들은 엉뚱한 일에 정열을 쏟아붓다 실패한다. 둘 중 한 가지라도 부족하면 절반의 성공조차 거두기 어렵다.

지략과 강한 의지를 겸비한 사람만이 세상의 모든 어려움을 이겨내고 성공이라는 이름의 험난한 정상에 오를 수 있다. 어리석은 이는 이러한 간단한 이치를 모를 뿐더러 자신의 능력을 과신해 노력조차 하지 않는다.

지혜와 의지를 겸비하라

목표의식

A Sense Of Purpose

지혜로운 사람은 어둠 속에서도 나아갈 방향을 정확히 파악하고 자신 있게 발걸음을 내딛는다. 어리석은 사람은 불확실한 직관이나 운에 기대어 '잘 풀리겠지' 하는 막연한 생각으로 자신을 기만하다가 길을 잃는다. 별의 움직임을 헤아릴 줄 모르는 사람은 하늘을 바라봐도 제 길을 찾을 수 없고, 태양의 움직임과 조류의 흐름을 읽지 못하는 사람은 바다에서 헤매게 마련이다.

인생이라는 바다에서 자신의 항해술이 부족하다고 느낀다면 도움을 줄 수 있는 훌륭한 사람에게 매달려라. 자신의 식견을 과신하지 말고 있는 그대로 받아들이면 활로를 찾을 수 있다. 지혜로운 사람은 자신의 행보에 자신감이 있다. 방향을 알고 있다면 과감하게 전진하라. 그래야만 자신이 꿈꾸는 목적지에 도달할 수 있다.

방향을 알아야 목적지에 닿는다

PART 02

도전과 성공을 위한 지혜의 기술

To follow, without halt, one aim:
There's the secret of success.
Anna Pavlova

멈추지 말고 한 가지 목표에 매진하라.
그것이 성공의 비결이다.

안나 파블로바

행동하기 전에

Before Acting

　　지혜로운 사람은 극단적 상황에 이르지 않도록 미리미리 준비한다. 그들은 중용의 길을 걸으며 행동하기 전에 충분히 생각할 여유를 갖는다. 어떤 사람들은 남다른 방식으로 뛰어난 성과를 올리기도 한다. 하지만 이러한 방식은 위험하다. 승승장구할 때는 사람들의 감탄을 자아내지만 일단 어긋나기 시작하면 독불장군처럼 나섰다며 두 배로 비판받기 때문이다.

　　위험성이 큰 일은 피하고 신중하게 접근해야 그만큼 실패 확률을 줄일 수 있다. 다른 사람들이 협력할 수 있는 공간을 항상 남겨둬라. 책임을 적절히 나누면 실패했을 때도 그만큼 부담이 작아진다.

행동하기 전에 충분히 생각하라

지피지기면
백전불패

**Know Yourself And Your Enemy,
You Will Never Lose A Battle**

누군가를 전적으로 신뢰하는 일은 절벽 끝에 서서 등이 떠밀리기를 기다리는 것과 같다. 교활한 사람은 전략적으로 자신의 의도를 숨긴다. 그들은 거짓으로 목표를 정하고, 태연한 얼굴로 남을 속인 뒤 주변 사람들을 끌어들여 신뢰를 얻어낸다. 그러다 원하는 결과에 도달하면 손바닥 뒤집듯 자신의 말을 바꿔 버린다.

지혜로운 사람은 교활한 사람의 속셈을 꿰뚫어 보는 눈을 가졌다. 그들은 면밀한 관찰을 통해 거짓을 가려내고 등 뒤에서 날아올 비수에 대비한다. 이렇듯 지혜는 다른 사람의 숨겨진 의도를 파악하는 데서 시작되며 그들의 교활함을 방어하는 데서 끝난다. 빛을 비추면 그림자가 생기는 것은 당연한 이치다. 그림자 안에 숨어있는 사악함을 간파하고 대비하는 지혜를 갖춰라.

숨겨진 의도를 간파하라

성실함은
최고의 무기

Integrity Is The Best Weapon

아무리 재능이 많아도 게으르고 교만하면 큰 업적을 쌓지 못한다. 반면 평범해도 성실하기만 하다면 많은 것을 이룰 수 있다. 높은 지위에 있는 사람이 궁지에 몰리는 경우는 대개 성실하지 못하기 때문이지, 재능이 부족해서가 아니다.

어리석은 사람은 자신이 좀 더 고상한 일에 어울린다는 변명을 늘어놓기도 한다. 그런 사람들은 막상 높은 자리에 앉게 되면 부족한 재능과 불성실함으로 자멸하고 만다.

타고난 재능이 없다고 불평하기에 앞서 열심히 노력하라. 성실한 사람은 언제 어디서든 결국에는 인정받는다.

성실함은 성공의 지름길이다

경청은
성공의 제1법칙이다

Listening Is The Key To Success

　　　　어떤 물건은 잘 팔리고, 어떤 물건은 팔리지 않는다. 팔리는 정도에 따라 그 가치가 결정되듯, 사람의 인기 또한 마찬가지다. 인기가 많으면 불려 다니느라 바쁘고, 인기가 없으면 원치 않는 곳에도 자꾸 얼굴을 내밀게 된다.

　좌중을 유쾌하게 만드는 데는 타고난 재능이 필요하다. 그러나 그런 재주가 없다고 해서 사랑받지 못하는 것은 아니다. 현명한 사람은 남의 이야기에 귀를 기울이며 어느 자리에나 자연스럽게 동화된다. 또 잔잔한 바다처럼 넓은 마음으로 수많은 사람을 포용한다. 이런 사람을 누가 싫어할 수 있겠는가? 남의 마음을 끌어당기고 감동과 즐거움을 줄 수 있는 여유를 가져라.

　　　　　　　　　　마음을 끌어당기는 사람이 되어라

행운은 준비된
자에게 찾아온다

Heaven Helps Those Who Help Themselves

언제나 운이 따르는 것처럼 보이는 사람이 있다. 하는 일마다 승승장구하는 사람은 자신의 인생에서 흐름을 탈 줄 아는 이들이다. 만약 주변에 이런 사람들이 있다면 그들의 운과 당신의 운을 비교해 볼 필요가 있다. 그럼으로써 행운을 끌어오는 방법을 깨달을 수도 있기 때문이다. 이는 히포크라테스에게 건강을 묻고, 세네카에게 지혜를 구하는 것과 같다.

그러나 행운의 여신이 변덕을 부린다 해도 결코 낙심하지는 마라. 행운의 흐름은 항상 변한다. 행운의 여신은 언제나 준비하고 기다리는 자에게 찾아온다. 불행한 시기가 오면 잠시 몸을 움츠려라. 행운의 여신은 지혜로운 자를 사랑하기 때문에 머지않아 환한 미소로 당신을 찾아올 것이다.

> 행운은 준비하고 기다리는 자를 찾아온다

너의 길을 가라

Keep Your Way

　　다른 사람이 이루어 놓은 것에 대해 칭찬만 늘어놓는 사람들이 있다. 그들은 "저 사람은 대단해. 나는 결코 그 일을 하지 못할거야"라든가 "난 정말 저 사람을 닮고 싶은데, 어렵지 않을까?"라는 말을 되뇌고 다닌다.

　　어리석은 사람은 다른 사람의 성과를 잣대로 자신을 재단하므로 결코 성공할 수 없다. 자신의 목표가 무엇인지 제대로 파악하고, 그것을 이룰 수 있는 계획을 분명하게 설정하라. 이를 위해 노력하면 반드시 좋은 결과를 얻게 된다. 이리저리 곁눈질해 봐야 눈만 비뚤어질 뿐이다. 자신의 판단력을 믿지 못하는 사람은 제대로 된 결정을 내릴 수 없다. 남을 닮으려고 애쓰지 마라. 자존심마저 잃게 된다. 부족하고 모자란 듯 보여도 스스로 결단할 줄 아는 사람이 성공한다.

자신의 판단력을 믿고 열정적으로 도전하라

인생에
망설임은 없다

There Is No Hesitation In Life

　어리석은 사람은 서두르거나 무모하게 장애물을 돌파하다 일을 그르치고, 똑똑하기만 한 사람은 이것저것 고민만 하다 타이밍을 놓쳐 실패한다. 그들은 어떤 일이 있을 때마다 멈췄다 가느라 판단은 옳았음에도 뒤늦게 결승점에 도달한다.

　지혜로운 사람과 똑똑하기만 한 사람의 차이는 바로 여기에 있다. 지혜로운 사람은 조심스럽게 결정을 내리지만, 일단 마음을 정하고 나면 그 신속함은 이루 말할 수 없다. 신속함은 행운을 불러다 주는 부적이다.

　오늘 결정내린 일은 결코 내일로 미루지 마라. 고민은 주의 깊게 천천히 하되, 실행은 뒤도 돌아보지 말고 단호하게 하라.

　　　　　　　실행은 단호하고 신속하게 하라

무슨 일이든
꼼꼼하게

Be Thorough In Everything

무슨 일이든 대충 하지 말고 꼼꼼하게 마무리 지어라. 시간이 좀 걸리더라도 그것이 가장 빠른 길이다. 순간을 모면하기 위해 대강 해치운 일은 순식간에 원래 상태로 돌아가 버리고 아무것도 남지 않는다. 어떤 업적을 영원히 남기려면 나름대로 시간이 필요하다.

세상 사람들은 결과에만 주목하기 때문에 성공하면 오래도록 칭송을 받게 된다. 값진 귀금속일수록 제련하는 데 오랜 시간이 걸린다. 시간이 걸린 만큼 귀중하게 여겨진다는 사실을 잊지 마라.

대충대충 하지 마라

덤벙대지 마라

Don't Be Careless

　　신중함을 타고난 사람들이 있다. 그들은 분별력을 가지고 있어서 어렵지 않게 완전한 지혜에 도달할 수 있다. 이미 성공에 이르는 길에 절반은 간 셈이다.

　　하지만 자신이 그러한 능력을 타고나지 못했다고 해서 실망할 필요는 없다. 평범한 사람들도 연륜과 경력이 쌓이면 성숙해지고, 환경의 변화를 통해 분별력을 갖추게 되기 때문이다.

　　그러므로 항상 조심스러운 태도를 유지해야 한다. 실패를 거울삼아 자신을 성장시키는 것은 지혜의 첫걸음이다.

> 항상 조심스러운 태도를 유지하라

도전하기를
주저하는가?

Do You Hesitate To Challenge?

위대한 인물을 한 명 골라 그를 뛰어넘기 위해 노력하라. 결과가 어떻게 되든 도전해 볼 가치가 있다. 기왕이면 자신의 분야에서 최고라 불리는 사람을 선택하라. 지혜로운 사람은 기왕이면 과감한 도전을 찾아 즐기는 법이다.

위대한 정복자 알렉산더 대왕이 아킬레우스의 무덤 앞에서 통곡한 이유는 자신의 업적을 후세에 전할 사람이 없었기 때문이다. 아킬레우스는 호메로스의 음률을 통해 사람들의 기억 속에서 불멸의 존재가 됐다. 군인들은 높고 날카로운 전투 나팔 소리에 두려움을 잊고 전선으로 뛰어든다. 완벽한 지혜와 성공을 향해 과감한 도전을 즐겨라.

도전을 두려워하지 마라

오지랖을
자제하라

Don't Meddle In Others' Affairs

지혜로운 사람은 다른 사람의 요구를 쉽게 받아들이지 않는다. 남이 원하는 것을 일일이 들어주다 보면 정작 자신의 몫을 제대로 챙기지 못하기 때문이다. 다재다능하다는 것은 칭찬을 들어 마땅한 일이지만 오지랖이 넓다는 것은 손해를 자초하는 길이다.

남의 일에 섣불리 끼어들었다가 실패하면 사람들의 평가는 손바닥 뒤집듯 금세 바뀐다. 비난의 말만 잔뜩 듣게 된다. 자신의 재능을 과시하지 마라. 지혜로운 사람은 재능을 자랑하기보다 자기 일에 내실을 기하고 좋은 결과를 보여준다. 꼭 필요한 곳에 자신의 능력과 시간을 투자하라. 진정한 성공은 남의 장단에 놀아나지 않을 때 찾아온다.

> 꼭 필요한 곳에만 능력과 시간을 투자하라

'과연 잘될까?'라는 의구심이 들 때

When You Doubt It Would Work

요모조모 따져 봐서 안전하다는 생각이 들지 않는다면 절대로 행동에 옮기지 마라. 남에게 조언을 구하면서 반신반의하게 되면 실패할 확률이 매우 높다. 만약 경쟁자가 자신과 같은 고민을 하고 있다면 지금 하는 일을 즉각 중단하라.

마음이 갈팡질팡하면 정확한 판단을 내릴 수 없다. 자신의 분별력에 의심스러운 구석이 있다면 차라리 아무것도 하지 않는 편이 낫다.

신중한 사람은 성공 확률이 낮은 일에 뛰어들지 않는다. 그것은 무모한 행동이기 때문이다. 그들은 언제나 이성적으로 판단했을 때 확실하다고 생각되는 일에 집중한다. '과연 잘될까?'라는 의심이 드는 상황에서 제대로 마무리 지을 수 있는 일은 없다.

자신이 성급한 판단을 했다면 당장 한 발짝 물러서서 재고하라. 그리고 애초부터 성공이 의심스러운 일이라면 시작도 하지 마라.

성공 확률이 낮은 일은 시작도 하지 마라

상대의 장점을
본받아라

Learn From Other's Strengths

　　현명한 사람이 평범한 사람과 다른 것은 삶을 유쾌하게 만들고 그러한 즐거움을 지인들과 공유할 줄 안다는 점이다. 질투에 사로잡혀 뛰어난 사람을 끌어내릴 방법만 모색하는 사람은 현명한 사람이 나누는 다양하고 완벽한 즐거움을 배울 수 없다.

　곁에 자신보다 나은 사람이 있다면 그가 가진 장점을 배워 자신의 것으로 소화하려고 노력하라. 그것이 지혜로운 사람이 취하는 태도다.

　　　　　　즐거움을 나누고 배움을 실천하라

난관을 뛰어넘어라

Jump Over The Hump

　　세상과 자신을 향해 불평만 늘어놓는 사람은 어리석다. 부정적인 생각을 가진 채로는 아무리 노력해 봤자 의욕이 생겨나지 않기 때문이다. 하지만 현재 상태에 만족하고 안주하려는 태도 역시 좋다고 할 수는 없다. 불평불만을 늘어놓는 것이 어리석음이라면, 자기도취는 느리게 진행되는 자살이나 다름없다.

　　진취적인 태도는 역사에서 수많은 위인을 남겼다. 알렉산더 대왕은 죽음에 이르는 그 순간까지 앞으로 나갔기에 역사의 한 장을 당당히 차지할 수 있었다. 고대 그리스의 시인 호메로스는 눈이 멀었다는 자신의 단점을 극복하고 《일리아드》와 《오디세이》 같은 걸작을 남겼다. 현실에 안주하지 말고 언제나 새로운 일을 찾아 도전하라.

현실에 안주하지 마라

성급함은
금물이다

Haste Makes A Waste

열정에 사로잡혀 성급하게 행동하지 마라. 열정은 구름처럼 이성을 뒤덮어 판단력을 흐리게 한다. 사업을 성공으로 이끄는 힘은 명쾌한 판단력과 균형 잡힌 분별력 그리고 오랜 경험에 달려 있다. 열정에 사로잡혀 제대로 된 판단을 할 수 없다면 이성적인 대리인을 내세우는 것도 지혜로운 방법이다.

열정에 사로잡혀 행동하지 마라

과시하고
싶을 때

If You Want To Show Off

　　남들 눈에 훌륭해 보이는 일을 한 사람이 실제로 훌륭한 일을 이룬 사람보다 더욱 인정받는다. 그러므로 열심히 노력하는 것 못지않게 제대로 하는 것도 매우 중요하다.

　눈에 보이지 않는 업적은 이루지 못한 것이나 다름없다. 아무리 지혜로운 사람이라도 겉으로 그럴듯해 보이지 않으면 누구도 존경심을 표시하지 않는다. 세상에는 겉모습만 보고 속아 넘어가는 신중하지 못한 사람이 많기 때문이다.

　정말 대단한 업적이라면 남들이 그 업적을 보게 하라. 성공을 드러내고 싶다면 사람들이 보는 앞에서 일하라. 명검의 위력은 상대를 단숨에 베어 쓰러뜨릴 때 널리 알려지는 법이다.

　　　　　　　　　성과는 자연스럽게 드러내라

차선책

Plan B

　　확실히 성공할 수 있다고 해서 다른 계획을 세워두지 않는 것은 어리석은 짓이다. 아무리 대단한 사람이라도 실수하지 말라는 법은 없고, 아무리 좋은 계획이라도 다 그대로 실행되지는 않는다. 차선책을 준비해두면 언제나 여유 있게 대처할 수 있다.

　다른 사람의 호의를 얻는 일도 마찬가지다. 출세에 도움을 줄 만한 인물을 두루두루 알아 놓으면 줄을 대기가 좋아지고, 고급 정보를 전해 주는 사람을 곁에 두면 정보의 신뢰도가 높아진다. 모든 것은 여분이 있을 때 그만큼 든든하게 여겨지게 마련이다. 한 가지가 필요하면 두 가지를 준비하라.

언제나 차선책을 마련하라

일을
진행할 때

When Things Proceed

　　핵심을 파악하라. 어리석은 사람들은 숲을 봐야 할 때 나무를 쳐다보고, 나무를 봐야 할 때 숲을 바라본다. 그들은 쓸데없이 더하고 빼는 일을 반복하며 자신이 열심히 일하고 있다고 합리화한다. 주변 사람들도 모두 그런 사람들에게 말려들어 분주하게 일을 하지만 결국 아무런 성과를 내지 못한다.

　혼란스러운 정신을 가진 사람에게는 배울 것이 전혀 없다. 어두운 밤길을 걸을 때는 바른 길을 찾아내는 것이 우선임을 잊지 마라.

어떤 일이든 핵심을 파악하라

실패했을 때

If You Had Failed

     난처한 상황에서 다른 사람의 도움을 기대하지 마라. 그럴 때 유일한 친구가 되어주는 것은 강인한 용기다. 자신을 믿어라. 정신을 집중하고 온몸으로 버티며 상황을 극복할 수 있는 지혜를 짜내라. 자신에 대한 확신이야말로 역경을 딛고 일어설 수 있는 원동력이 된다.

  "잘 풀릴 거야"라는 말로 쓸데없이 자신을 기망하며 운에 모든 것을 내맡기지 마라. 마음속으로 준비를 단단히 하지 않으면 후회의 아픔은 두 배, 세 배가 되어 돌아온다.

  실패를 두려워하지 마라. 실패의 고통은 무척 아리지만 지혜로운 사람은 그 안에서 더 큰 도약의 발판을 마련한다. 당장의 괴로움을 견뎌내면 언젠가는 반드시 인내의 열매가 되돌아온다는 것을 알고 있기 때문이다. 최악의 상황을 이겨내면 어떤 일이든 도전할 수 있는 자신감을 얻게 된다는 점을 기억하라.

자신에 대한 확신은 역경을 극복하는 원동력이다

일이
풀리지 않을 때

When Things Go Wrong

　　　　선한 사람은 어리석은 사람들 속에서 자신의 뜻을 제대로 펴보기도 전에 생을 마감하고, 바보는 진리와 참됨을 가장한 충고에 짓눌려 숨이 막혀 죽는다. 다른 사람의 말에 일일이 귀를 기울이다 보면 자신의 뜻과는 전혀 상관없는 엉뚱한 일에 휘말리게 된다. 사공이 많으면 배가 산으로 가고 훈수하는 사람이 많으면 일이 꼬이게 마련이다.

　자신의 판단을 확신하고 결연히 앞으로 걸어 나가는 자세가 지혜로운 사람의 태도임을 명심하라.

소신 있게 행동하라

기회이다
싶을 때

Make Hay While The Sun Shines

주사위를 한 번 던져 가장 좋은 결과가 나오기를 바라는 것은 멍청한 짓이다. 그런데도 사람들은 종종 자신의 운을 과신하며 그런 일을 저지른다. 하지만 모든 것을 잃은 뒤에 후회해 봤자 아무런 소용이 없다. 연습도 없이 처음 시도하는 일에서 최상의 결과를 얻는 것은 불가능에 가깝다.

기회를 잡으려면 첫 번째에 모든 것을 걸지 말고 그 다음을 노려라. 첫 번째에 덤벼들어 실패한 사람은 의욕을 잃고 다시 도전할 힘을 잃으며, 성공한 사람은 자만하느라 두 번째 기회를 쉽게 포기해 버린다.

무슨 일이든 만회할 예비 수단을 마련해둬라. 성공 여부는 주위의 상황에 따라 좌우되는 것이지 운에 의해 이루어지는 것이 아니다.

첫 번째 기회에 올인하지 마라

강한 확신이
들 때

When You Have A Strong Conviction

　　　　강한 확신이 드는 일에는 거침없이 달려들어라. 주변의 평가를 두려워해 망설이고 있으면 아무것도 이룰 수 없다. 지혜로운 사람이 확신을 가졌을 때는 그럴 만한 이유가 있다. 그들은 성공을 향해 매진할 준비를 마쳤거나, 스스로 문제를 해결할 수 있다는 자신감으로 가득 차 있다. 하지만 그럴 때일수록 마음속에서 들려오는 소리를 결코 무시해서는 안 된다. 이러한 내면의 소리는 위기 때마다 경고음을 울려 불운이 찾아오는 것을 막아준다. 결단력과 신중함은 지혜라는 동전의 양면이다.

결단력과 신중함을 동시에 갖춰라

불운하다고
느껴질 때

When You Feel Unlucky

　　자신의 능력을 객관적으로 판단하는 것은 지혜로운 사람에게도 쉽지 않은 일이다. 어리석은 사람일수록 자신을 과대평가하며 자기가 불운한 사람이라고 말한다. 이렇게 부풀려진 자아를 가진 사람은 헛된 망상으로 일생을 망치게 된다. 망상에 빠진 사람은 현실을 회피하며 하루하루를 살아가기 때문이다.

　희망이 큰 것은 좋지만 현실에 발을 딛고 나아가야 한다는 점을 간과해서는 안 된다. 최선의 결과를 바라보며 매진하면서도 최악에 대비할 줄 알아야 한다. 기대는 적게 하고 노력은 많이 하라. 지혜로운 사람은 높지도 낮지도 않은 곳에 과녁을 놓아 두고 사격을 할 때 한 발 한 발 최선을 다한다.

최선을 바라보며 최악에 대비하라

성공은
이런 태도에서

The Attitude That Brings Success

　　쉬운 일은 어려운 일처럼, 어려운 일은 쉬운 일처럼 대하라. 부정적인 생각이 앞서면 결국 실패하게 된다. 쉬운 일에도 겸손한 태도를 보이는 사람에게, 불가능할 것 같은 일에도 의욕을 잃지 않는 사람에게 성공은 기다렸다는 듯 찾아온다.

　지혜로운 사람이 평정심을 잃지 않는 이유는 자신의 몫을 성실히 수행하면 장밋빛 결과가 찾아올 것임을 확신하기 때문이다.

　위기에 직면했을 때는 행동으로 돌파하라. 고민만 해서 해결되는 일은 세상에 하나도 없다.

　쉬운 일은 어려운 일처럼, 어려운 일은 쉬운 일처럼 하라

변화를 두려워하는
사람에게

For Those Who Fear Change

　　현실에 적응하지 못한 자신을 탓하기보다, 옛날이 좋았다며 신세 한탄만 하는 사람이 있다. 그런 말이 스스로에게 위안이 될지는 몰라도, 그들은 다른 사람이 보기에 어리석은 사람 그 이상도 그 이하도 아니다.

　세상은 끊임없이 변해 왔다. 수많은 왕조가 세월과 함께 무너져 내렸고, 시대의 영웅들 역시 변화에 적응하지 못하면 가차 없이 밀려났다. 변하는 것은 세상의 이치다. 그것을 가지고 혼자서 이러쿵저러쿵 불평해 봤자 아무런 소용이 없다.

　변화에 적응하는 지혜를 길러라. 세상에는 흐름이 있고 그 파도에 제대로 올라탈 수 있어야 배가 앞으로 나아간다. 지혜로운 사람은 배의 키를 제대로 붙잡고 앞을 향해 전진하는 사람이다.

> 변화에 적응하는 지혜를 길러라

실패를
두려워하라

Fear Failure

　　　과녁을 백 번 명중시키기보다 한 번이라도 벗어나지 않게 하라. 태양을 똑바로 쳐다볼 수 있는 사람은 없지만, 달이 태양을 가리고 나면 누구나 태양을 볼 수 있는 법이다.

　악의를 품은 사람의 손아귀에 걸려들지 않도록 매사에 만전을 기하라. 사악한 사람은 남이 잘나갈 때는 가만히 있지만 좌절을 겪으면 귀신같이 달려들어 물고 늘어진다. 아무리 훌륭한 사람도 단 한 번의 뼈아픈 실수로 대중의 눈밖에 나고 구설수에 오른다. 이것이 냉엄한 세상의 이치다.

　성공 가도를 달리던 수많은 사람도 사소한 실수 때문에 그 자리에서 미끄러져 내려왔다는 사실을 잊지 마라.

　　　　수백 번의 성공보다 한 번의 실패를 두려워하라

성공하는 리더

A Successful Leader

　　세상에는 모든 일을 힘으로 해결하려는 사람이 있다. 한두 번 그럴 때는 거침없고 솔직한 사람으로 인정받을지 모른다. 하지만 같은 일이 반복되면 사람들은 등을 돌리게 되고 결국 누구에게도 도움을 받을 수 없다.

　그런 사람을 윗사람으로 두면 무척 괴로워진다. 조직을 분열시키고 아랫사람의 의견은 거부하며 일의 성공을 모두 자신의 공으로 돌리기 때문이다. 그런 사람을 지켜보는 것만으로도 충분히 고통스럽다.

　지혜로운 사람은 결정을 내리기 전에 여러 가지 일들을 종합적으로 고려한다. 그들은 남들의 지적을 겸허하게 받아들이고 일의 성공을 위해 조언 듣는 일을 게을리하지 않는다. 그렇게 해서 돌아오는 보상을 나눠 가질 줄도 안다.

　아무리 능력 있는 사람도 독불장군처럼 버티고 서서 주

위를 돌아보지 않으면, 모난 돌이 정을 맞듯 찍혀 나간다. 주변 사람들과의 관계를 항상 깊이 성찰해 성공의 주춧돌로 삼아라.

주변 사람들과 함께 성공을 일궈라

말부터 앞서는
당신

Someone Who Speaks Before Acting

아무리 그럴 듯한 목표도 완결되기 전까지는 심상(心象)에 불과하다. 그러므로 완성되기 전에는 결코 공개하지 마라. 신이 아닌 인간은 머릿속의 심상을 그대로 옮겨 전달할 능력이 없다. 미리 공개되어 대중에게 이러쿵저러쿵 평가받기 시작하면 사공이 많은 배가 산을 향하듯 애초의 초라한 잔상만이 사람들의 마음에 남는다. 그렇게 되면 최종 평가에도 악영향을 미치게 된다.

목표는 모든 것의 시작일 뿐 완성이 아니다. 잘 만든 요리는 미식가들의 찬탄을 받지만, 가공되지 않은 음식을 보고 맛난 요리를 떠올리는 사람은 거의 없다. 오히려 비위가 상하지 않으면 다행이다. 신이 창조한 대자연도 사람의 눈길과 평가를 받기 전에 완성되었음을 기억하라.

완성되기 전에는 공개하지 마라

변화하고 또 변화하라

Keep Changing

　　　　참신한 모습을 보여주는 사람은 다른 사람들에게 깊은 인상을 심어준다. 새로움이 우리 안의 감각을 자극하고 놀라움을 안겨주기 때문이다. 완벽하고 낯익은 것보다 평범하고 새로운 것이 부각되는 이유는 바로 그 때문이다.

　하지만 달콤한 말을 많이 들으면 물리는 것처럼 새로운 것도 언젠가는 싫증이 나게 마련이다. 며칠 또는 몇 주가 지나면 새로움은 익숙함으로 변하고 놀라움은 가라앉아 버리고 만다. 그러므로 변화하고 또 변화하라. 새로워져야 할 때 새로워지지 못하면 기회는 손가락 사이로 모래가 흘러내리듯 사라지게 된다.

　　　　　　　　　익숙함 속에서 새로움을 창조하라

구태
舊態

Old Conditions

　　시대가 달라지면 가치도 달라진다. 아무리 박식한 사람이라도 동시대 사람들에게 인정받지 못한다면 무슨 의미가 있겠는가. 시간이 지나면 낡고 오래된 사고방식은 더 이상 통용되지 않는다. 그러므로 시류를 읽고 현재의 가치관을 습득하려는 자세가 필요하다.

　지혜로운 사람은 시대의 징표를 읽고 자신이 대처할 방식을 결정한다. 필요하다면 시대의 흐름에 맞추어 새로운 옷으로 갈아입는 일도 마다하지 않는다. 오래되고 익숙한 것이 좋다고 해서 그것만 고집하면 성공하기 어렵다는 사실을 분명히 알고 있는 것이다.

　　　　　　　　　　시대의 징표를 읽고 대처하라

우유부단

Indecisiveness

　　주저하지 마라. 목표를 정했으면 그것에 매진해야 한다. 결정한 일을 앞에 두고 주저하면 실패할 확률이 더 높다. 이미 단단한 결심을 했다 할지라도 훈수가 귓전에 들릴 때마다 마음이 흔들리는 사람은 이리저리 방향을 바꾸며 소리 내는 풍경(風磬)과도 같다. 풍경은 언제나 바람을 타고 흔들릴 뿐 자기 소리를 내지는 못하기 때문이다.

　　우유부단한 지도자는 타인의 훈수에 의해 목표가 바뀌며 어떤 일도 능숙하게 해내지 못한다. 그들은 현상 유지에만 급급하고 주변을 두리번거리며 멈칫거린다. 지혜로운 사람은 목표를 신중하게 정한 후 혼신의 힘을 다해 앞으로 나아간다.

결정한 일에 대해서는 주저하지 마라

사람을
따르게 하려면

How To Make People Follow You

사람들이 당신을 의지하게 하되, 그들의 요구를 단번에 들어주지는 마라. 오아시스는 목을 축이고 나면 필요가 없어지며, 과즙을 쥐어 짜낸 오렌지는 버려진다. 믿고 의지하는 마음이 없는 사람들은 더 이상 당신을 존경하거나 존중하지 않는다. 남들이 당신을 계속 믿고 따르게 하기 위해서는 그들의 요구사항을 조금씩 들어주어라. 이것은 오랜 경험을 통해 확인된 사실이다.

주변의 요구를 단번에 들어주지 마라

대화의 자세

Attitude Of Dialogue

　자신의 의도를 함부로 드러내지 마라. 남의 말을 경청하라. 입을 다물고 있으면 당신에 대한 정보가 차단된다. 사람들은 당신이 기대에 어울리는 사람인지 알아보려 떠보다가 제 풀에 지쳐 속내를 털어놓을 것이다.

　어떻게 해야 할지 판단이 서지 않을 때는 다른 사람들을 주의 깊게 지켜보면서 기다려라. 사람들을 관찰하며 한 번 더 생각하면 공개해야 할지, 비밀로 해야 할지 분명해진다.

　일단 자신의 의도를 노출시킨 뒤에는 입장을 바꾸기가 어렵고 비판에도 무방비로 노출된다. 미리 공개한 계획의 결과가 좋지 않으면 당신은 두 배로 어려움을 겪게 될 것임을 잊지 마라.

의도를 함부로 드러내지 마라

거절도
매너 있게

Decline With Grace

　　인생에서 꼭 필요한 배움 가운데 하나는 거절하는 법을 익히는 것이다. 자신의 욕망은 스스로 조절할 수 있다는 점에서 절제가 용이하지만, 사업으로 만난 사람의 부탁을 거절하는 일은 상대를 배려해야 하기에 더욱 어렵다.

　성공을 향해 달리는 사람 주위에는 불빛을 향해 달려드는 나방처럼 수많은 사람이 모여든다. 남의 말에 귀를 기울이는 것은 중요하지만, 반드시 옥석을 가려 들어라. 모든 부탁을 들어주다 보면 정작 자신이 가야 하는 결승점에는 도달하지 못할 수 있다. 다른 사람들의 요청에 너무 신경 쓰지 마라.

　부탁할 때도 마찬가지다. 거절당할 것 같은 일은 부탁하지 마라. 부담스러운 부탁은 일의 성패를 떠나 인간관계를 악화시킬 수 있다. 달콤한 꿀도 배부를 때까지 먹으면 질리게 마련이다. 어려운 부탁을 계속 받고도 달가워할 사람은 세상 어디에도 없다.

    거절은 조심스럽지만 단호하게, 부탁은 꼭 필요한 순간에 부담스럽지 않게 하라.

거절은 조심스럽지만 단호하게 하라

관대한 태도

Open-Minded Attitude

다른 사람의 인격적 결함이나 실수를 너그럽게 용서하라. 자신의 재능을 근거로 엄격한 기준을 적용하면 오히려 상대의 반감만 살 뿐이다. 어리석은 사람은 꼴 보기 싫은 사람이 있을 때 다시는 보지 않을 것처럼 대한다. 하지만 그의 도움이 절대로 필요하지 않을 거라고 누가 장담할 수 있겠는가? 지혜로운 사람은 자신의 감정을 드러내고 화를 내기보다 웃는 얼굴로 상대를 대하는 넉넉함을 보여준다.

그렇다고 해서 견딜 수 없을 정도의 잘못을 저지르는 상대를 용서할 필요는 없다. 그것은 결코 너그러운 태도가 아니다. 마음의 칼은 결정적인 순간에 사용해야 한다. 일격에 상대방을 제압하지 못하면 그 칼날은 반드시 자신에게 되돌아온다는 점을 잊지 마라.

> 타인에게 너그러운 사람이 돼라

친구도
선택해서 사귀어라

Choose Your Friends Wisely

　　배울 것이 있는 사람을 친구로 삼아라. 그런 사람은 대개 좋은 인맥을 유지하고 있다. 자신과 인연이 있는 사람들에게 도움 받는 것을 꺼리지 마라. 고마움을 느꼈다면 그만큼 돌려주면 된다. 까마귀와 어울리면 새까맣고 초라한 존재가 될 뿐이지만 공작과 어울리면 크고 아름다운 깃털을 나누어 갖게 된다.

　자신의 한계를 설정하지 말고 언제나 한 걸음 더 나아갈 수 있다고 확신하라. 뛰어난 사람들과 어울리면서 자신의 부족함을 탓할 필요는 없다. 그들도 특별한 친구를 만나 서로 영향을 주고받으며 성장해 탁월한 사람이 되었다. 배워야 할 지식은 끝이 없다. 모자란 부분은 총명한 친구들의 도움으로 채워라.

지혜로운 친구는 성공의 밑천이다

공로에
집착하지 마라

Don't Cling To Your Achievements

아무리 작은 공적도 윗사람에게 돌려라. 자신의 자리를 위협하는 부하에게 증오심을 갖는 것은 인지상정이다. 아랫사람이 자신보다 우수하면 윗사람은 은근히 질투한다. 그러므로 윗사람을 상대로 공을 다투지 마라.

운이 좋아 복권에 당첨된 사람이나 성격이 좋아 친구가 많은 사람은 남들로부터 부러움을 산다. 반면 똑똑한 사람은 질투나 적개심의 대상이 된다. 아랫사람이라면 특히 그러하므로 장점은 조심스레 숨겨 놓는 것이 좋다.

지성이야말로 사람이 가진 능력 중에서 남들에게 가장 인정받는 것 중 하나다. 윗자리에 앉은 사람은 대개 남들로부터 존경받는 것으로 자신의 위치를 가늠한다. 그들은 자신의 명성을 높여주는 사람에게는 밝은 미소를 보여주지만, 자신의 명성에 흠집을 내는 사람에게는 성난 눈길을 보낸다. 윗사람이 당신의 조언을 필요로 할 때, 한 수 가르쳐 준다는 식의 태도를 보이는 것은 절대 금물이다. 그보다는 그가 잊고 있었던 일을 상기시켰을 뿐이라는 생각이 들게 하라.

지혜로운 사람은 자신의 위치에 맞는 처세술을 터득한다. 하늘의 별조차 자신이 처한 위치에 어울리는 빛을 발하고 있지 않은가. 별은 결코 태양보다 밝은 빛을 내지 않는다.

　　　　　　　　작은 공적도 윗사람에게 돌려라

기대심리

Psychology Of Expectation

    어떤 일을 시작할 때는 사람들의 기대감을 지나치게 높이지 않는 것이 중요하다. 일을 진행하다 보면 예상치 못한 장애물에 부딪히는 경우가 많기 때문이다.

    현실은 우리가 생각하는 것보다 훨씬 복잡다단하다. 하지만 우리는 자신을 좀 더 높이 평가하고 싶은 욕망에 사로잡혀 현실을 직시하지 못할 때가 많다. 기대가 지나치면 긍정적인 결과에도 실망을 느끼기 쉽다. 그러므로 시작이 순조롭다고 해서 결과를 예단하고 사람들을 기대하게 만드는 것은 결코 현명한 태도가 아니다. 기대감이 낮을 때 성공을 거두면 모두가 놀라워하며, 성공한 사람은 그만큼 더 큰 인정을 받게 된다. 현실을 냉철하게 바라보고 자신의 능력을 객관적으로 판단하라. 당신은 어느 순간 성공에 한 발짝 더 다가가 있을 것이다.

기대심리를 높이지 마라

내면의 모습

Inner Self

우리는 흔히 첫인상으로 상대의 능력을 판단한다. 하지만 진정한 가치는 겉모습이 아니라 내면에 감춰져 있는 경우가 많다. 보석과 같이 소중한 것은 겉으로 잘 드러나지 않는다.

겉모습에 현혹되지 마라. 경박한 사람들은 어쩌다 만난 현자들에게서 대단한 것을 발견했다며 호들갑을 떨지만, 지혜로운 사람은 소문의 실체를 신중하게 파악한다.

지혜로운 사람은 자신의 실력과 능력을 쉽게 드러내지 않지만 배우려는 열망을 보이는 사람에게는 조금씩 자신의 가치를 보여준다. 내면의 성숙을 중시하는 사람은 자연스럽게 높은 식견을 갖추게 된다. 이는 분명한 사실이다.

내면의 보석을 발견하도록 노력하라

뒷담화는
절대 금물

Don't Talk Behind Others' Back

여기저기 허튼 소문을 퍼뜨리지 마라. 상대를 쓰러뜨려야 한다면 치밀한 계획을 통해 일격에 쓰러뜨려야 한다. 근거 없는 이야기를 퍼뜨려 봤자 상대에게는 별다른 타격을 주지 못한다. 그런 말로는 상대를 웃음거리로 만들 수 없기 때문이다. 오히려 소문의 출처가 알려지는 날에는 당신에 대한 험담만 늘어날 것이다. 되로 주고 말로 받는 어리석음을 자초하지 마라.

소문을 퍼뜨리는 사람의 말에 동조하지 마라. 반드시 그와 한 덩어리로 비난을 듣게 된다. 남을 조롱하며 즐거워했다면 당신도 똑같이 비웃음을 살 것이다. 타인의 실패를 함부로 단죄하지 마라. 나쁜 소문을 퍼뜨리는 사람은 반드시 남의 미움을 사며, 다른 사람을 헐뜯는 사람은 더욱 지독한 험담을 듣게 된다.

> 험담은 더 큰 험담으로 돌아온다

의타심 많은
당신에게

Rely On Yourself

도움을 받는 것은 좋지만 의존하지는 마라. 어떤 사람은 다른 사람보다 좋은 환경에 태어나 큰 수고 없이도 안락하게 살아간다. 이런 사람들을 부러워하며 신세를 지고 다니는 사람은 노예나 마찬가지라는 점을 잊어서는 안 된다.

자유는 동정보다 훨씬 값어치 있는 것이다. 자유를 잃은 사람은 자신의 일에 스스로 한계를 긋는 사람과 다름없다. 그러므로 다른 사람에게 의지하는 사람이 되기보다는 아무에게도 의지할 필요가 없는 사람이 되는 것이 낫다.

도움을 받더라도 의존하지는 마라

좋은 참모를 선택하라

Choose Good Aides

　　세상에는 자신의 능력 대신 도구를 탓하는 사람이 많다. 하지만 그러한 변명에 기망당하는 사람은 아무도 없다. 아랫사람은 마치 도구와 같아 쓰기에 따라 훌륭한 성과를 내지만, 만족스러운 성과를 이루지 못하면 원성은 윗사람에게 돌아가게 된다.

　　그러나 훌륭한 재상 때문에 군주의 명성이 훼손되는 일은 드물다. 아랫사람을 잘 다뤄서 얻은 명예는 모두 윗사람에게 돌아간다. 뛰어난 성과를 거둔 사람은 '좋은 부하를 둔 사람'이 아니라 '능력 있는 사람'으로 인정받게 된다.

　　도구를 선택할 때 일의 성격에 어울리는 것을 고르듯, 부하 역시 신중하게 선발하여 적재적소에 배치하라. 그것이 진정한 용인술(用人術)이다.

아랫사람을 선발할 때는 신중해져라

위트 넘치는
당신

Witty You

　　살다 보면 무심코 지나쳤던 일 때문에 지탄을 받거나 궁지에 몰리는 경우가 있다. 이러한 상황에서는 아무리 자신의 잘못이 아니라고 설명해도 받아들여지지 않는다.

　　하지만 지혜로운 사람은 재치 있는 말로 위기를 모면한다. 농담은 우호적인 분위기를 조성하고 멋진 미소는 백 마디 변명보다 낫다. 스페인의 장군 곤살로 데 코르도바는 약탈로 악명이 자자했지만, 사람들의 추궁을 피하는 방법을 잘 알았다. 그래서 결국 위대한 인물의 반열에 오를 수 있었다.

　　만약 누군가의 말을 거절해야 한다면 재치 있는 유머와 화술로 대응하라. 당신이 처한 곤경에서 쉽게 벗어날 수 있게 될 것이다.

재치 있는 한마디로 위기를 모면하라

오지랖
넓은 사람

Nosey Parker

귀찮고 성가신 일에 말려들지 않도록 조심하라. 마음속에 고민의 씨앗을 묻어 두면 알지 못하는 사이에 자라나 몸을 망치는 법이다. 신중하게 행동하여 고민을 키우지 않도록 하라. 그래야 번거로운 일에 말려들지 않는다.

고통스러운 일에 억지로 남을 끌어들이지도 마라. 마음을 아프게 하거나 답답한 이야기를 듣고 싶어 하는 사람은 아무도 없다. 자신도 듣고 싶지 않은 이야기를 남에게 들려주는 것은 평판을 망치는 지름길이다.

지혜로운 사람은 듣기 좋은 아첨이나 간사한 말을 멀리하며 남을 헐뜯는 소문에도 귀를 기울이지 않는다. 그들은 독약을 마시지 않으면 하루도 지낼 수 없었던 미트리다테스 왕처럼 불쾌한 일을 애써 찾아다니지도 않는다. 남을 돕는 데서 만족감을 느끼는 것은 좋지만, 그로 인해 괴로움의 씨앗을 품지 않도록 하라. 누군가에게 문제가 있다면 그저 조언을 해 주는 것만으로 충분하다. 자신의 행복을 희생해 가면서까지 남을 도울 필요는 없다.

성가신 일에 휘말리지 마라

거절
잘하는 방법

How To Reject

모든 사람의 부탁을 일일이 들어줄 수는 없다. '아니오'라고 말하는 것은 중요한 능력이며, 특히 윗사람과의 관계에서는 더욱 그렇다. 단호하게 거절한다고 해서 당신의 위신이 떨어지거나 능력이 저평가되는 것은 아니다. 오히려 '네, 할 수 있습니다'라고 큰소리쳐 놓고 지키지 못하는 것이 훨씬 더 부정적인 인상을 준다.

중요한 것은 거절하는 태도와 방식이다. 때로는 '아니오'가 '네'라는 답변보다 고맙게 여겨질 수 있으며, 깍듯하고 명확한 부정이 불분명한 긍정보다 신뢰감을 준다.

반면 습관적으로 부정적인 반응을 보여 호감을 잃는 사람들도 있다. 대화를 시작할 때부터 불쾌한 인상을 주는 사람은 나중에 부탁을 들어준다고 해도 좋게 기억되지 않는다. 지혜로운 사람은 긍정적 태도를 유지하면서 거절하므로 상대가 유감을 갖지 않는다.

    지혜로운 사람이 거절할 때는 몇 가지 요령이 있다. 첫째, 딱 잘라 거절하지 않는다. 상대방의 청탁을 눈앞에서 딱 잘라 거절하면 상대방은 앙심을 품을 수밖에 없다. 둘째, 상대방의 말을 경청하며 완전한 거절을 피한다. 수락할 가능성이 남아 있다면 상대방은 결코 당신을 적으로 돌리지 않는다. 셋째, 겸손한 태도와 따뜻한 말로 상대를 위로한다. 상대는 자신이 거절당했다는 사실조차 크게 깨닫지 못할 것이다.

        모든 사람의 부탁을 전부 들어줄 수는 없다

존경받고
싶다면

If You Want To Be Respected

낮은 자리에서 일할 때는 간이라도 내어줄 듯 싹싹하게 굴다가도 지위가 높아지면 안하무인이 되는 사람이 있다. 존경받고 싶다면 절대로 이렇게 행동해서는 안 된다. 오만하고 비인간적인 사람은 지위가 낮아지기 무섭게 모든 이로부터 물어뜯기게 된다.

상대방에게 호감을 얻는 법을 알면서도 미움 받을 행동을 하는 사람은 어리석다고밖에는 말할 수 없다. 그들은 마치 지위가 자신의 전부인 듯 여러모로 멍청한 행동을 한다. 세상이라는 바다는 인간의 머리로는 전부 파악할 수 없는 큰 파도를 품속 깊이 감추고 있다. 지혜로운 사람이 되고자 한다면 항상 조심스럽고 겸손한 태도를 유지해야 한다. 존경심은 스스로 자라나는 것이지 강요로 생겨나는 것이 아니다.

어느 자리에서든 겸손함을 유지하라

지나친 농담은
독이 된다

Too Much Joking Is Poison

위트가 넘치는 것은 좋지만 그렇다고 농담으로 일관하지는 마라. 연회(宴會)에서 농담과 재담을 늘어놓는 사람은 주변의 이목을 끈다. 하지만 때와 장소를 가리지 않으면 오히려 비천한 사람으로 취급받게 된다. 고급스럽고 재치 있는 촌철살인(寸鐵殺人)은 사람들을 웃게 하지만 저급한 농담은 웃음거리가 될 뿐이다.

농담을 지나치게 늘어놓는 사람이 신뢰받지 못하는 큰 이유는 진실과 거짓의 경계를 흐려 놓기 때문이다. 평소 분별력 없는 말을 늘어놓던 사람은 정색하고 진실을 말한다 해도 신뢰를 받기가 어렵다. 그에 비해 진지한 태도로 남의 말을 경청하는 사람이 농담을 던지면 사람들의 주목을 받게 되고 그 말은 신빙성 있게 들리게 된다.

> 농담은 고급스럽고 재치 있게 하라

카멜레온처럼

Like A Chameleon

상대에 따라 다르게 처신하라. 프로테우스는 자신의 변신 능력을 활용해 올림포스의 여러 신을 속였다. 처세술에 능한 사람은 학자를 대할 때는 공부하는 학생처럼, 성인을 만나면 성인의 가르침을 배우려는 제자처럼 행동한다. 이러한 처신은 상대방의 마음을 사로잡는다. 사람은 누구나 자기와 비슷한 기질을 가진, 배우려는 사람에게 끌리기 때문이다.

누군가를 처음 만날 때는 상대방의 특성을 미리 파악하라. 기질과 특성을 이해하면 어떻게 상대해야 좋을지 쉽게 알 수 있다. 보수적인 사람 앞에서는 겸손하고 고분고분하게, 명랑한 사람 앞에서는 재기발랄하게 행동하라. 다른 사람의 도움을 얻고자 한다면 더욱더 이러한 처신에 능해야 한다.

상대에 따라 다르게 처신하라

쾌활함의 힘

Power Of A Cheerfu Personality

좌중을 웃길 수 있는 테크닉은 인맥을 형성하는 데 매우 중요하다. 어색한 자리에서 남에게 큰 웃음을 주는 사람은 자신을 알릴 기회를 놓치지 않는다. 쾌활한 성격은 지나치지만 않다면 재능이지 결코 흠이 아니다.

일을 할 때도 마찬가지다. 쾌활한 사람은 어려움이 닥쳐와 실패를 해도 기죽지 않고 언제든 재도약할 기회를 마련한다. 이런 사람들은 남들이 심각하게 생각하는 문제도 농담처럼 쉽게 받아 넘기고 훌훌 털어 버린다. 자신감을 잃지 않는 태도는 매력이 되어 상대의 마음을 사로잡는다.

> 쾌활한 성격은 상대에게 호감을 준다

입에 쓴 약이
몸에도 좋아

Good Medicine Tastes Bitter

별 뜻 없이 나누는 잡담 속에서도 자신에게 도움이 되는 정보를 찾아내는 사람이 있다. 그런 사람은 지나가는 말에 숨겨진 속뜻을 남보다 먼저 파악하고 이득과 손실을 헤아린다. 지혜로운 사람은 어리석은 사람이 흘려 넘기는 말을 놓치지 않는다.

다른 사람의 말에 현혹되지 말고 자신의 눈과 머리로 판단하라. 사람의 귀는 워낙 얇아서 한줌도 안 되는 진실보다는 수많은 거짓에 현혹되기 십상이다. 진실은 절대로 순수한 형태로 전달되지 않으므로 남들로부터 전해 들은 정보는 한 번쯤 의심해 볼 필요가 있다.

판단을 내릴 때는 감정이 개입되지 않도록 주의하라. 감정은 좋은 쪽으로든 나쁜 쪽으로든 일단 개입되면 제대로 된 판단을 할 수 없게 만든다. 비판은 귀담아 듣고 칭찬은 물리쳐라. '입에 쓴 약이 몸에는 좋다'라는 옛말처럼 잘못을 깨우치는 데는 남들의 비판만한 것이 없다.

비판은 귀담아 듣고 칭찬은 물리쳐라

질투심

Jealousy

　　속된 사람의 질투심만큼 막기 어려운 것도 없다. 그들은 나무랄 데 없는 사람에게 완벽하다는 이유로 꼬투리를 잡고, 잘못이 없는 것을 잘못이라고 비난한다.

　　질투는 백 개의 눈을 가진 아르고스처럼 사람들의 결점을 찾아내려고 애쓴다. 악한 사람은 다른 사람에게서 사소한 결점을 발견하고 비난함으로써 만족을 얻는다. 비난은 날카로운 화살처럼 하늘을 나는 새도 쏘아 떨어뜨릴 수 있기 때문이다.

　　위대한 시인 호메로스는 종종 조는 척을 해서 정적의 질투를 피했다. 일부러 지혜와 의지가 없는 것처럼 연기를 한 것이다. 이는 사람들 마음속에 숨겨진 증오의 독을 퍼뜨리지 않도록 하는 주의 깊은 행동이다.

　　　　　　　　　다른 사람의 질투를 경계하라

약점을
관리하는 방법

How To Manage Weaknesses

　　　　대중은 하나같이 호사가(好事家)들이다. 그들은 남의 이야기를 안줏거리로 삼고 나쁜 소문의 희생자에게 하이에나처럼 달려들어 그 사체를 뜯어 먹는다. 대중이 작고 사소한 결점에 열광하는 이유는 찾아내기도 쉽고 이야기에 살을 붙이기도 쉽기 때문이다. 아무리 대단한 명성을 지닌 사람이라도 끊임없이 쏟아지는 중상모략 앞에서는 속수무책이 된다.

　경쟁심에 불타는 적들의 모함에 걸려들지 않도록 주의하라. 말솜씨가 뛰어난 사람이라면 진실에 약간의 거짓을 더한 이야기만으로도 상대를 거꾸러뜨릴 수 있다. 악의가 담긴 농담은 들불처럼 순식간에 번져 나간다. 좋지 않은 소문에 쉽게 혹하고 믿어 버리는 것이 대중의 속성이기 때문이다. 일단 퍼지기 시작한 소문은 누구도 막을 수 없다. 비열한 인간들의 교활한 행동거지에 항상 촉각을 곤두세우고 소문의 진원지를 파악하라. 아무리 하찮은 소문도 퍼지기 전에 막아라. 그것이 나중의 수고를 몇 배나 줄이는 길이다.

                경쟁자들에게 약점을 잡히지 마라

베일에
가려진 듯 처신하라

Behave As If Shrouded In A Veil

　　마음속에 있는 생각을 전부 드러내고 다녀서는 안 된다. 지혜로운 사람은 자신을 알리면서도 그 생각은 전부 헤아릴 수 없게 만든다. 누구도 지혜로운 사람의 능력이 어디까지인지 알지 못하게 하려고 하는 것이다.

　자신의 능력을 훤히 드러내며 움직인다면 상대방은 기대하고 바랄 것이 없지 않겠는가. 쓸데없이 자신을 드러내는 것은 그만큼 실망의 단초를 제공하는 행동이 될 뿐이다. 남들에게 적절한 환상을 심어주면 긍정적 평판과 명성을 얻는 데 도움이 된다.

당신에 대해 환상을 갖게 하라

상대의 결점에
익숙해져라

Get Used To Your Opponent's Flaws

　　가까운 친구나 가족의 결점에 익숙해져라. 도무지 피해갈 수 없는 관계에서 결점을 일일이 지적하고 서로 얼굴을 붉히는 것은 어리석은 짓이다. 아무리 해도 끝낼 수 없는 관계라면, 차라리 상대에게 맞추는 편이 낫다. 추한 얼굴도 자주 보면 참을 만해지는 게 인간의 간사한 속성이기 때문이다.

　마찬가지로 상대가 비열하고 추악한 성격의 소유자라면 일단 거기에 익숙해져라. 그러면 어떤 일이 벌어져도 균형 감각을 잃지 않고 대처할 수 있게 될 것이다.

타인의 결점을 포용하라

호감 가는 사람

Amiable Person

　　다툼은 누구에게나 좋지 않은 일이다. 특히 상대가 경쟁자라면 더욱 그렇다. 경쟁자와 싸우면 좋았던 이미지가 쉽게 무너지기 때문이다. 싸움이 시작되면 상대는 즉시 이쪽의 결점을 찾아내 퍼뜨리려 하고, 이는 신용을 떨어뜨리는 결과로 이어지게 된다. 다툼이란 원래 그런 법이다. 평소에는 대수롭지 않게 넘어갈 작은 결점도 상대에게는 결코 지나칠 대상이 아니다. 명성이 높던 사람이 경쟁자의 소문으로 몰락한 사례는 수없이 많다.

　약점과 실수를 폭로하며 시작된 싸움은 처음에는 작은 불씨처럼 보이지만, 일단 타오르기 시작하면 걷잡을 수 없게 된다. 이는 구르기 시작한 돌을 멈추기 위해 더 큰 힘이 필요한 이치와 같다. 상대는 사람의 감정을 해치는 것 외에 아무런 이득을 얻지 못하지만 그저 앙갚음을 했다는 사실만으로도 만족감을 느끼게 된다.

　만약 다툼을 벌여 상대방의 복수심을 자극한다면 가려졌던 당신의 결점은 하나하나 드러나게 될 것이다. 반면 상대방에게 호의를 보이면 불필요한 싸움을 피할 수 있고 명성도 지킬 수 있다.

　　　　　　　　　다툼은 당신의 명예를 실추시킨다

이런 사람과
인연을 맺어라

Connect With Someone Like This

　　명예를 아는 사람들과 인연을 맺어라. 그들은 받은 만큼, 아니 그 이상을 돌려주려고 하는 사람들이다. 그런 사람들은 자신이 받은 호의에 따라 상대를 대한다. 한결같고 진실한 태도로 그들을 대하라. 신뢰는 오랫동안 좋은 관계를 유지해야 쌓인다. 명예를 아는 사람들에게는 배반당할 걱정을 하지 않아도 좋다. 그들은 자신이 당하지 않기 위해서라도 그런 일을 결코 저지르지 않는다.

　　악한 사람에게 승리하기보다는 명예를 아는 사람에게 패배하는 편이 차라리 더 낫다. 설령 분쟁이 일어나더라도 그들은 원칙을 지켜가며 싸우기 때문이다. 악당들과의 싸움에서는 승리하더라도 상처만 남을 뿐이지만 명예를 아는 사람과의 싸움에서는 패배하더라도 자신의 명예를 지킬 수 있다.

　　　　　　　　　명예를 아는 사람들을 가까이하라

예의

Etiquette

예의 바르게 행동해서 손해 볼 일은 없다. 예의는 자신의 교양 수준을 나타내는 최선의 방법이며 사람들의 눈길을 끌어당기는 특별한 힘을 가지고 있다.

신사답게 행동하라. 그러면 많은 이들의 사랑을 받게 될 것이다. 무례하게 굴면 경멸과 반감만 살 뿐이다. 예의 바른 행동이 사랑이라는 이름의 햇빛을 받아 자라난 과일나무와 같다면, 무례함은 자만심과 천박함을 양분으로 삼아 자라난 가시나무와 같다.

경쟁자에게도 예의 바르게 대하라. 예의 바른 사람에게는 비겁한 방법을 쓰기가 어려운 법이다. 예의는 적은 노력으로도 큰 가치를 얻을 수 있는 지혜로운 투자임을 잊지 마라.

> 모두에게 공손하게 행동하라

험담을 즐기는
사람이라면

Gossip

　　　다른 사람의 잘못을 캐내지도 말고, 여기저기 소문 내고 다니지도 마라. 말로 상처받은 사람들은 복수할 기회를 호시탐탐 노린다. 남에게 원망을 살 만한 일은 시작하지도 마라. 모략과 술수에 능한 사람은 잘나가는 동안에는 친구가 많은 것 같지만, 일단 내리막길에 들어서면 끝까지 내몰리게 된다. 대중은 소문에 민감해서 별 볼 일 없다고 생각되는 사람에게는 절대 관용을 베풀지 않는다. 남을 중상하며 다니는 것은 불신의 늪에 자기 발을 담그는 것과 같다. 중상은 돌고 돌아 자신을 맞히는 화살이기 때문이다.

　착각하지 마라. 남의 험담을 늘어놓는 당신에게 호의를 보내는 사람들은 당신을 존중하는 것이 아니다. 험담 속에 담긴 악의를 즐기고 있을 뿐이다. 악의는 잠시 즐거움을 안겨 줄지는 몰라도 결코 행복을 만들어내지 못한다.

　　　　　　　　　　　　남의 허물을 즐기지 마라

온화한 마음으로
사람들을 대하라

Treat Others With A Gentle Heart

뛰어난 인물은 다른 사람과 관계를 맺는 데 탁월한 능력을 발휘한다. 언제나 공평하게 남을 대하고 여유롭고 느긋한 태도로 사람들을 자기 편으로 끌어들인다. 지혜로운 사람이 남들과 좋은 관계를 맺을 수 있는 이유는 너그럽게 사람을 대하기 때문이다.

지혜로운 사람은 적에게도 온화하다. 그들은 상대를 공격하는 대신 관대한 태도를 취하며 적대자의 모욕에도 웃음으로 응대한다. 또 부정적인 상황을 긍정적으로 받아들이며 상대방이 감화될 수 있도록 이끈다. 결국 승리는 자연히 품속으로 굴러들어 오게 된다. 상대가 무릎을 꿇고 항복했을 때, 지혜로운 사람은 입을 굳게 다물고 이를 비밀로 지킨다. 너그러운 태도는 다른 사람을 진심으로 승복시키는 특효약이다.

지혜로운 사람은 원수에게도 너그러움을 베푼다

예의 2

Etiquette

　　지혜로운 사람은 모욕감을 주는 말을 하지 않는다. 비판할 때도 예의를 갖추며 그로 인해 다른 사람들로부터 존경을 받는다. 그들은 대화를 통해 친구를 얻지 적을 만들지 않는다.

　　다른 사람에 대한 불평을 아무데서나 늘어놓지 말라. 그런다고 잘못된 일이 바로잡히거나 악당이 착해지지는 않는다. 오히려 불평을 듣는 사람 쪽에서 '혹시 나한테 불만이 있는 것 아닌가?'라며 쓸데없는 오해를 할 수 있다. 매사에 투덜대다가는 도움이나 위로는커녕 차가운 시선만 받게 될 것이다. 그러므로 불평을 할 때는 예의를 갖추고 조심스럽게 하라. 불평보다는 칭찬부터 하는 것이 좋다. 칭찬이 불평보다 훨씬 더 쉽게 사람들의 마음을 움직인다는 사실은 불변의 진리다.

비판을 할 때도 예의를 갖춰라

세상을 사는 지혜

Wisdom For Living In The World

 더불어 살아가는 지혜를 배우라. 장님들만 사는 나라에서는 두 눈 가진 사람이 비정상 취급을 당하는 법이다. 주위 사람이 어리석다고 한탄하지 말고 자신도 어리숙한 체하며 사는 게 현명한 태도다. 중요한 것은 시대의 흐름에 맞추어 살아가는 일이다. 그러므로 때로는 지혜가 있어도 없는 체하는 것이 필요하다.

 인간은 사람들과 함께 살아갈 수밖에 없는 존재다. 신에 견줄 만큼 뛰어난 능력이 있거나 자연 속에 숨어 사는 야만인이 아니라면 남들과 부대끼며 사는 일은 결코 피할 수 없다. 혼자서 고상한 체하다가 바보 취급당하지 말고 자신의 능력을 남들과 기꺼이 나눠라. 자신이 최고라는 망상에 사로잡히면 절대로 좋은 평판을 얻을 수 없으며 성공도 요원해진다.

더불어 사는 지혜를 익혀라

끌려가지
마라

Don't Be Swayed

토론을 하다 보면 결론을 내리지 않고 계속해서 반론만 제기하는 사람을 만나게 된다. 이렇게 심술궂은 태도를 가진 사람과는 아무리 토론을 해도 제대로 된 결론을 내기 어렵다. 따라서 이런 사람들과는 가능한 한 토론을 피하는 것이 좋다.

물론 이런 상황을 완벽하게 피할 수는 없다. 어쩔 수 없이 논쟁에 휘말려 들었다면 먼저 그 논쟁의 핵심을 파악해야 한다. 그 논쟁이 해결책을 찾으려는 건지, 아니면 악의적인 사람 때문에 그저 뒤엉켜 있는 건지 구분할 필요가 있다.

쟁점 속에는 종종 흉계가 숨어 있을 수 있으므로 자신을 방어하기 위해 주의를 기울여야 한다. 어떤 사람들은 상대방의 생각을 끄집어내기 위해 일부러 논쟁에 뛰어들기도 한다. 그들의 목적은 상대를 흥분시켜 약점을 드러내게 하고 이를 공격하는 것이다.

논쟁에 불가피하게 빠져들었다면 자신의 의도를 지혜롭게 감춰라. 그리고 상대가 원하는 대로 토론이 흘러가지 않도록 신중하게 생각하라.

상대방의 말에 휘둘리지 마라

PART 03

관계를 위한
지혜의 기술

Why be a man when you can be a success?
Bertolt Brecht

성공한 사람이 될 수 있는데,
왜 평범한 사람으로 머무르려 하는가?

베르톨트 브레히트

조언을
즐겨 들어라

Welcome Advice

다른 사람들의 의견을 무시해도 좋을 만큼 완벽한 사람은 세상에 없다. 조언에 귀를 기울일 줄 모르는 사람은 어리석은 사람이다. 스스로 해결해야 할 어려운 문제라고 해서 남들의 의견을 들어 보지 말란 법은 없다. 자신의 생각에 확신이 들더라도 다른 시각에서 바라보고 다양한 가능성을 따져 보면 예상치 못한 실패를 피할 수 있다.

가벼운 충고나 자질구레한 결점을 들려줄 수 있는 친구를 곁에 두고 그들의 조언을 진심으로 받아들여라. 그러면 친구들과 신뢰를 쌓을 수 있다. 도움이 전혀 필요없는 사람은 없다. 항상 의지가 되는 사람들을 마음의 거울로 삼아 자신을 비추어보고 잘못을 바로잡아라.

하찮은 조언에도 귀를 기울여라

협상의 기술

The Art Of Negotiation

협상에서 가장 중요한 목표는 궁극적으로 원하는 것을 얻어낼 수 있는지 여부다. 이때 원하는 것을 얻어내기 위한 가장 강력한 전략은 양보다. "그건 곤란합니다"라는 말과 "그렇게 하겠습니다. 단, 이렇게 해 주십시오"라는 말 중에서 어떤 것이 상대의 귀에 더 흡족하게 들리겠는가?

협상을 할 때는 상대방이 어떤 카드를 쥐고 있는지 알아내는 것이 급선무다. 상대방의 패를 알고 나면 자신의 페이스대로 게임을 끌고나갈 수 있다. 시간을 끌어 상대를 지치게 하거나 가벼운 농담을 던져 자신의 이야기를 털어놓게 하라. 그러면 상대의 패를 읽을 수 있다.

상대방이 좋은 카드를 들고 있을 때는 조금씩 잃어주고 상대방이 불리한 카드를 들고 있을 때는 전부 따내라. 마지막에 웃는 자는 당신이 될 것이다. 작은 것을 양보하고 큰 것을 얻어내는 것이야말로 성공적인 교섭의 열쇠임을 잊지 마라.

작은 것을 양보하고 큰 것을 취하라

우정

Friendship

　　친구를 사귀는 데도 기술과 배려가 필요하다. 가까이 있어 도움이 되는 친구가 있는가 하면, 멀리 있어 편지로 마음을 나누는 친구가 있다. 말이 잘 통해 함께 즐거움을 나눌 수 있는 친구가 있는가 하면, 오래도록 떨어져 있어도 믿음직한 친구가 있다. 이렇듯 우정의 방식은 모두 다르다.

　친구가 인생에서 몇 안 되는 소중한 후원자임을 부정하는 사람은 없다. 그러나 좋은 우정을 유지하는 방법을 아는 사람은 많지 않다. 가장 중요한 것은 상대의 장점을 끌어내는 것이다. 친구의 장점을 발견해 키워주면 친구 또한 당신을 성장시키는 데 큰 역할을 담당하게 된다. 진실하고 선한 마음을 바탕으로 한 협력관계는 시간이 오래 흘러도 쉽게 변하지 않는다.

우정은 살아가는 데 힘이 되어 준다. 친구가 없는 삶은 버려진 황무지와 같이 척박한 인생이 되게 마련이다. 부족해 보이더라도 한결같은 지지를 보내줄 수 있는 사람을 친구로 삼아라. 술과 마찬가지로 우정도 오래 묵을수록 훌륭한 향기를 머금는다.

포도주와 친구는 오래될수록 좋다

신뢰

Trust

　　상인들은 자신이 속을 수도, 속일 수도 있다는 점을 잘 안다. 많은 이익이 오가는 상황에서 항상 초연한 태도를 유지하기란 쉬운 일이 아니기 때문이다. 그들은 약간의 매력과 예의만으로 사람들을 포섭하고 자유자재로 주무른다.

　　보통 사람들의 관계는 다르다. 상인들처럼 이익을 주고받는 관계도 아닌데다 꾸준한 노력이 필요하기 때문이다. 일반적인 관계에서 가장 중요한 것은 변함없는 믿음이다. 돈을 잃으면 다른 곳에서 보충하면 되지만, 신뢰는 한 번 잃어버리면 다시 얻기가 힘들다. 이런 관계에서는 돈 때문에 속는 것이 인간적으로 배신당하는 것보다 차라리 낫다.

잃어버린 신뢰는 되돌리기 힘들다

호의

Goodwill

호의는 마치 도토리를 잔뜩 쌓아둔 다람쥐의 보금자리와 같다. 배가 고프다고 미리 도토리를 야금야금 꺼내 먹은 다람쥐는 막상 혹한이 닥치면 먹을 것이 없어 굶어 죽는다. 마찬가지로 스스로 해결할 수 있는 일까지 도움을 받으려고 칭얼대는 사람은 정작 어려운 역경이 닥쳤을 때 남들의 외면 속에서 쓸쓸히 무대를 떠날 수밖에 없다.

남들의 호의는 중요한 문제를 해결하는 데 써라. 물건은 없으면 구입하면 되지만, 호의는 아무데서나 구할 수 없다는 점을 잊지 마라.

스스로 해결할 수 있는 일은 스스로 해결하라

피해야 할
사람

A Person To Avoid

　　잃을 게 없는 사람과는 다투지 마라. 절박한 사람은 지푸라기라도 잡고 싶은 마음에 어떤 일이든 저지를 수 있다. 그런 사람에게는 수치심은 물론 값싼 자존심조차 남아 있지 않다. 그런 사람에게 말려드는 것은 힘들게 쌓아온 명성을 한순간에 날려버리는 일이다. 한번 사회적 물의를 일으키면 다시는 좋은 평판을 얻기 어려워진다. 평판을 쌓는 데는 시간이 오래 걸리지만 잃는 데는 하루도 걸리지 않는 법이다.

　　지혜로운 사람은 분별 있게 처신하여 자신의 명예를 손상시키지 않는다. 여유 있게 행동하고 사람들의 마음을 헤아리며 사태의 흐름을 관찰하라. 그러면 물러설 때와 나아갈 때를 알고 발목 잡힐 일을 피할 수 있을 것이다. 이득이 되지 않는 일에 시간을 낭비하지 마라.

　　　　　　잃을 게 없는 사람과는 다투지 마라

상처받기 쉬운
사람

Vulnerable Person

어리석은 사람은 겉으로는 그럴듯해 보이지만 쉽게 깨지는 유리와 같다. 이런 사람은 심성이 눈동자처럼 약하기 때문에 사소한 자극에도 쉽게 상처받고 어떤 관계도 제대로 유지하지 못한다. 그런 사람들과 친분을 쌓을 때는 매우 조심해야 한다. 언제나 그들의 유약함을 고려하고 표정을 살펴라. 작은 불쾌감도 그들의 기분을 상하게 할 수 있다. 그들의 변덕스러운 기분이 인간관계에 영향을 미치지 않도록 주의하라.

내면이 유약한 사람을 대할 때는 조심하라

적당한 거리를
유지하라

Keep An Appropriate Distance

　　소탈하고 격의 없이 사람을 대하는 것은 자신의 넉넉함을 과시하는 일이며, 흉금을 털어놓고 사람을 대하는 것은 진실함을 드러내는 좋은 방법이다. 그러나 남들과 적당한 거리를 유지하지 못하면 그 모든 장점을 잃게 된다. 별이 아름다운 이유는 손에 넣을 수 없는 존재이기 때문이라는 점을 기억하라.

　자신을 공공연하게 드러내면 결점까지 노출되는 것이 세상의 이치다. 누구와도 지나치게 가까워지지 마라. 뛰어난 사람에게는 한 수 접어 주고 평범한 사람에게는 탁월함을 보여줌으로써 단단한 보호막을 쌓아라.

　어리석은 사람을 대할 때는 특히 주의해야 한다. 그들은 지혜로운 사람의 호의를 제멋대로 해석하고 자신이 대접을 받아야 마땅한 사람인 양 거만을 떤다. 그런 사람들과 어울리면 자신의 가치만 떨어뜨릴 뿐, 얻을 것이 없는 헛수고를 하게 된다.

별이 아름다운 이유는 손에 넣을 수 없기 때문이다

당신은
입이 가벼운 사람인가

Are You A Blabbermouth?

　　　　입이 가벼운 사람은 겉봉이 뜯어진 편지와 같아서 누구든지 마음만 먹으면 쉽게 비밀을 알아낼 수 있다. 반면 생각이 깊은 사람은 깊은 우물과 같아서 돌을 떨어뜨려도 첨벙하는 소리가 나지 않는다. 지혜로운 사람은 말수가 적으며, 침묵은 마음을 조절할 수 있는 사람에게만 주어지는 특별한 재능이다. 마음 한구석에 비밀을 깊이 묻어두는 사람은 진정한 승리자가 될 것이다.

　교활한 사람은 자신의 이익을 위해 남의 비밀을 이용한다. 그들은 상대의 비밀을 캐내기 위해 화려한 말솜씨와 빈정거림도 서슴지 않는다. 하지만 지혜로운 사람은 오히려 자신의 비밀을 숨기기 위해 먹잇감이 될 만한 재료만 조심스럽게 던진다. 사소한 것은 내줄지언정, 가장 중요한 것은 결코 입 밖에 내지 않는다.

　　　　　　모든 비밀은 마음속에 묻어두어라

진실도
묻어둬야 할 때가 있다

Sometimes You Have To Bury The Truth

거짓말로 사람을 속이려 하지 마라. 처음 몇 번은 운 좋게 긍정적 결과를 얻을 수 있지만, 그것은 자신이 쌓아 온 신뢰를 담보로 얻은 결과라는 점을 잊지 말아야 한다. 대중은 속은 사람에게는 한심하다고 손가락질하며, 속인 사람에게는 믿을 수 없는 사람이라는 낙인을 찍는다. 신의와 명예를 모두 잃어버린 사람과 함께 일하려는 사람은 아무도 없다.

하지만 진실이 언제나 바람직한 것은 아니다. 진실은 몸에는 좋지만 먹기 힘든 쓰디쓴 약과 같기 때문이다. 달콤한 치장이 벗겨진 진실은 상대방의 심장에 날아가 깊이 박혀버린다. 진실을 말할 때는 신중해져야 하며 어떠한 경우에도 사실대로 다 털어놓아서는 안 된다. 그것이 자신과 상대방을 동시에 배려하는 지혜다.

진실을 숨기는 것도 지혜다

진정한 자신감

True Confidence

　　자신감이 넘치는 사람은 눈에서 빛이 난다. 이글이글 타오르는 눈동자에서는 두려움을 찾기 어렵다. 자신감의 광채는 주변 사람을 주눅 들게 하고 자신을 군계일학처럼 돋보이게 한다. 평범한 사람이 자신감을 갖지 못하는 이유는 남들을 지나치게 높게 평가하기 때문이다. 누구나 결점을 가지고 있지만 평범한 사람들은 자신의 결점에 갇혀 타인의 약점을 똑바로 바라보지 못한다. 하지만 개인적인 친분이 생기고 서로를 알고 나면 세상의 평가가 지나치게 후했다는 사실을 깨닫게 된다.

　　그러므로 누구도 인간이라는 한계를 넘을 수 없다는 점을 명심하라. 높은 자리에 있다고 해서 반드시 그 직위에 어울리는 사람은 아니며, 남들로부터 존경을 받는다고 해서 인격적으로 훌륭한 것도 아니다.

다른 사람을 과대평가하지 말고 능력과 인격을 제멋대로 상상하지 마라. 대담한 행동도 사람의 본성을 이해하는 데 도움이 된다. 두려운 마음에 자꾸만 움츠러든다면 평판이 뛰어난 사람과 직접 만나 친분을 쌓아 보라. 고결해 보이지만 속으로는 썩어 있는 사람이 대부분일 것이다.

타인을 과대평가하지 마라

마음을 움직이는
칭찬의 기술

The Art Of Praise

　　　　상대의 장점을 찾아 칭찬하라. 고상하고 품위 있는 사람으로 보일 수 있다. 사람은 누구에게나 인정받고 싶은 마음이 있어서 자신에게 후한 평가를 내리는 이를 나쁘게 생각하지 않는다. 한 사람에게서 장점을 발견하면, 다른 사람에게서도 그러한 장점을 찾아낼 수 있다. 이러한 칭찬은 사람 보는 눈을 키워주고 상대방의 긍정적인 면모를 놓치지 않게 해준다.

　　칭찬은 모두가 보는 앞에서 하는 것이 좋다. 공개적인 자리에서 칭찬하면 그 사람의 자부심은 커지고, 더 많은 칭찬을 받기 위해 노력하게 된다. 다른 사람들 또한 '저 사람이 했는데 내가 못하겠어?'라고 생각하며 경쟁심을 느끼게 된다. 칭찬은 높은 지위에 있는 사람이 아랫사람에게 동기를 부여하는 지혜로운 방법이다.

칭찬하는 삶을 살아라

아첨에
약한 사람에게

For Those Easily Flattered

 붙임성이 좋은 사람들은 어느 자리에서나 쉽게 어울리며 마법처럼 사람들을 끌어당기는 재주가 있다. 하지만 그런 사람들을 대할 때는 조심해야 한다. 달콤한 말과 좋은 낯빛으로 다가오는 사람들은 대체로 사악한 의도를 가지고 있기 때문이다. 어떤 의도로 접근하는지 파악해야만 그들의 속임수에 넘어가지 않을 수 있다.

특히 높은 지위에 있는 사람일수록 교활한 사람들의 아첨에 쉽게 넘어가곤 한다. 지위에 아첨하는 사람과 본질에 경의를 표하는 사람을 구별할 수 있는 사람은 이러한 함정에 빠지지 않는다. 만약 자신의 분별력이 부족한 것 같다면 일단 상대와 거리를 두고 관계를 되짚어 보는 것도 좋은 방법이다.

> 아첨에 쉽게 넘어가지 마라

주변에
어리석은 사람이 있다면

When You're Surrounded By Idiots

어리석은 사람과 가까이하지 마라. 그런 사람들과 어울리면 자다가도 뺨을 맞는다. 어리석음을 알면서도 물리치지 못하거나 어리석은 사람을 친구로 두는 사람은 똑같이 어리석은 사람이다.

처음에 어리석은 사람을 가려내기 힘든 이유는 그들이 자신의 어리석음을 알고 숨기기 때문이다. 시간이 지나면 그들은 어리석음을 공공연히 드러내며 바보 같은 행동을 시작하는데, 이때 긴장의 끈을 풀면 큰 피해를 입을 수 있다.

세상의 평판에 귀를 기울여라. 아무리 마음에 드는 친구라고 해도 평판이 좋지 않다면 깊이 사귀기 전에 다시 한 번 고민해야 한다. 어리석은 사람에게는 불운이 따르게 마련이다. 어리석음과 불운은 떼려야 뗄 수 없으므로 어리석은 사람과 교제하는 사람은 스스로 불운을 불러들이는 셈이다. 어리석은 사람에게 얻을 수 있는 유일한 교훈은 그를 반면교사(反面教師)로 삼는 것이다.

어리석은 사람을 멀리하라

배려심
좋다는 사람

Someone Who's Considerate

사람은 본래 이기적인 존재다. 이익이 없는 일에 뛰어들어 자신을 희생하는 사람은 좀처럼 찾기 어렵다. 하나도 안 남는다며 물건을 파는 장사치가 너무 많고, 윗사람을 위해서라면 쓸개까지 내줄 듯한 부하들이 넘쳐난다.

만약 어떤 사람이 자신의 이익보다 남을 먼저 배려한다고 말한다면 일단 의심부터 하라. 그들의 장단에 맞춰 춤을 추다가는 먼저 지쳐 떨어지게 된다.

자신보다 남을 배려한다는 사람은 의심하라

희망을
주는 사람

Uplifting Person

'더 이상 바랄 것이 없다'라는 말은 뛰어난 성취와 깊은 만족감을 뜻하지만, 다른 관점에서는 더 이상 발전할 여지나 희망이 없다는 말이기도 하다. 우리 몸이 늘 숨을 쉬어야 하는 것처럼 정신도 무언가를 추구해야 살아갈 힘이 생긴다. 모든 것을 가졌다면 어떤 일을 해도 흥미가 생기지 않고 만족하기 어려울 것이다.

사람은 희망으로 살아가는 존재다. 모든 희망을 잃었을 때 선택할 수 있는 유일한 길은 죽음뿐이다. 인간관계도 마찬가지다. 더 이상 기대를 받지 못하면 남들의 관심을 이끌어낼 수 없다. 그러므로 어떠한 경우에도 상대를 완전히 만족시키지 마라. 상대가 내게 바라는 것을 가지고 있어야 상대를 원하는 대로 움직일 수 있다.

상대를 완전히 만족시키지 마라

속물을 피하라

Avoid Snobs

우리는 많은 사람들과 함께 살아간다. 그중에는 현명한 사람도 있지만 속물들도 있다. 속물들은 분별력 없는 말을 쉽게 내뱉고, 매사에 잘난 체하며, 대체로 옹졸하다. 그런 사람들을 가까이하면 흔들리기 쉽고 당신의 평판에도 금이 가게 된다.

그러므로 속물들과는 일절 관계를 맺지 마라. 속물들의 해악은 그 한 사람으로 충분하기 때문이다. 그가 무슨 말을 하든 듣지도 보지도 말며, 무슨 생각을 하는지 염두에 두지도 마라.

속물과는 일절 관계를 맺지 마라

음흉한 사람

Insidious Person

　　치밀한 사람은 상대방의 정신을 다른 데로 돌려놓고 그 틈을 타 공격에 들어간다. 적이 불의의 습격으로 허둥거리고 있을 때 일거에 소탕해 버리는 것이다. 그런 사람은 자신이 원하는 것을 손에 넣기 위해 본심을 감춘다. 그들은 높은 자리에 앉으려는 속내를 숨기며 낮은 직위도 달갑게 받아들인다. 그러한 의도를 알아채지 못하면 음모는 보기 좋게 성공을 거둔다.

　　상대가 음모를 꾸미고 있다면 경계를 게을리해서는 안 된다. 지혜로운 사람은 자신의 의도를 드러내지 않는 사람에게 주의를 기울이며 조심스럽게 음모를 파악하려고 노력한다. 목적이 있으면 그 기척이 반드시 드러나게 마련이다.

　　교활한 사람은 자신의 말 속에 의도를 깊이 감추는 재

주를 가지고 있다. 말로는 상대를 안심시키지만 행동은 다르게 한다. 그들은 때때로 남을 속이려 하다가 자신의 음모에 빠져 자멸하기도 한다. 그러나 지혜로운 사람은 언제라도 방비를 단단히 함으로써 언제 닥칠지 모를 기습에 대비한다.

지혜로운 사람은 상대가 양보할 때도 경계를 늦추지 않는다. 상대방의 음모를 훤히 알고 있다는 태도를 보이는 것도 적의 시도를 미리 방지하는 좋은 수단이 될 수 있다.

속내를 드러내지 않는 사람을 경계하라

우정 속에
숨겨진 진실

Two Sides Of Frienship

친구를 사귈 때는 언젠가 크게 싸우거나 가장 힘든 적으로 만날 수 있다는 점을 명심해야 한다. 피를 나눈 형제들끼리도 소송을 벌이는 세상에서 우정이 깨져 적이 되는 일은 비일비재하다. 그러므로 자신의 모든 약점을 털어놓지 마라. 약점을 공유하면 관계가 더 깊어지기도 하지만, 오히려 화를 불러올 수 있다.

친구가 냉혹한 적이 되었다면 단호하게 응징하라. 그러나 마음 한구석에는 용서를 베풀 수 있는 도량도 마련해 놓아라. 용서와 관용은 화해의 지름길이기 때문이다. 한때 소중했던 사람에게 복수하는 것은 일시적인 후련함을 안겨줄 수 있지만, 결국 큰 자책감을 낳을 수 있다. 남의 눈에 눈물 흘리게 하는 사람은 반드시 피눈물을 흘리게 된다. 이것이 세상의 이치임을 잊지 마라.

아무리 친한 친구에게도 약점을 털어놓지 마라

부탁의 기술

The Art Of Persuasion

　　남에게 부탁하는 요령을 터득하라. 어떤 사람에게는 쉽고 어떤 사람에게는 어려운 일은 세상에 없다. 그저 부탁을 잘 받아 주는 사람과 거절을 잘하는 사람만이 있을 뿐이다. 부탁을 잘 들어주는 사람에게는 별다른 노력 없이도 승낙을 얻어낼 수 있다. 반면 "아니오"라는 말을 입에 달고 사는 사람에게는 큰 노력이 필요하다. 그런 사람들에게 부탁을 할 때는 특별한 지혜가 요구된다.

　가장 중요한 것은 적절한 기회를 포착하는 일이다. 상대가 기쁨에 넘치고 심신이 가벼운 때를 노려라. 상대가 바짝 긴장해 있고 청탁하는 사람의 속내가 간파당할 위험이 있다면 그 자리를 피하는 것이 좋다. 상대에게 축하할 만한 일이 생겼을 때 그 순간을 이용해 부탁하는 것도 좋은 방법이다. 그런 날에는 기쁜 마음으로 자연스럽게 긍정적인 대답을 하기가 쉽다.

    또한 미리 상대에게 선의를 베풀었다가 나중에 그것을 빌미로 부탁하는 것도 하나의 요령이다. 하지만 상대가 우울해 보인다면 가급적 자리를 피하라. 그런 상황에서는 아무리 애를 써도 당신의 부탁을 들어주지 않을 것이다.

        부탁할 때는 적절한 타이밍이 중요하다

인맥을
지속적으로 관리하라

Maintain Your Network Continuously

대중은 자신의 기준에 따라 좋고 나쁨을 판단하지 않는다. 그들은 세상의 평가에 신경 쓰면서 유행에 따라 사람을 지지하거나 비난할 뿐이다. 그런 의미에서 대중의 관심을 끄는 사람은 이슈가 되는 일이나 유행의 중심에 서 있는 사람이다. 이것은 마치 주인공이든 악역이든 멋진 연기를 보여준 배우가 관객들의 호응을 얻는 것과 같은 이치다.

대중의 인기를 얻는 제일 좋은 방법은 존경받는 사람이 되는 것이다. 실적으로 인정을 받아도 좋고, 선행을 통해 소문이 나도 좋다. 대중은 섬겨야 할 대상을 끊임없이 찾는 존재이기 때문이다.

하지만 대중으로부터 얻은 명성은 언제 사라질지 모르는 거품과도 같다. 그러므로 계속 그들을 만나고 잊힌 존재가 되지 않도록 노력해야 한다. 대중과 자주 어울리고 즐겁게 해주면, 적은 수고로도 긍정적 평판을 얻을 수 있다.

대중에게 존경받는 사람이 되어라

농담을 할 때는
때와 장소를 가려서 하라

Adjust Your Jokes To The Situation

상대가 자신을 향해 농담을 할 때 호탕하게 웃어 넘기는 것은 널리 통용되는 규범이자 매너다. 그러나 남을 조롱하며 폄하하는 것은 차원이 다른 이야기다. 사람은 제각기 다른 도량을 갖고 있기 때문이다. 그러므로 연회장에서 계속 불쾌한 표정을 짓고 있는 사람에게 쓸데없는 농담으로 문제를 키우지 마라. 그런 사람은 십중팔구 선의를 악의로 받아들인다.

지혜로운 사람은 농담을 해도 좋을 때와 하지 말아야 할 때를 세심하게 판단한다. 부적절한 농담은 실언이 되어 뼈아픈 결과를 초래할 수 있다. 그러므로 농담을 하기 전에는 상대방이 받아들일 수 있을지를 먼저 생각해야 한다.

지혜로운 사람은 때와 장소를 안다

끈질긴 사람
포기하는 사람

Persistent vs Quitter

　　일을 벌려 놓고도 마무리를 짓지 못해 중도에 포기하는 사람이 있다. 이런 사람은 성격이 변덕스럽고 무슨 일을 해도 오래 지속하지 못한다는 특징이 있다. 재능도 있고 인품도 훌륭한데 별다른 명성을 얻지 못하는 이유는 대부분 이런 성향을 가지고 있기 때문이다.

　　도전할 만한 가치가 있는 일이라면 끝까지 해볼 만하다. 그러나 가치 없는 일에 손을 대는 것은 결국 자신의 미래를 망치는 일이다. 시작한 일이 좋은 일이라면 왜 끝내지 못하는가? 나쁜 일이라면 왜 시작하는가? 지혜로운 사람은 사냥감을 추격해 정확하게 맞히고 그것을 손에 넣은 후에야 비로소 사냥에 성공했다고 말한다.

　　　　　　　　좋은 일이라면 끝까지 밀고 가라

말조심

Mind Your Words

누군가와 관계를 맺을 때 명심해야 할 점이 있다. 하지 말아야 할 말을 해서 생기는 손해와 입을 굳게 다물어서 얻는 이득이 서로 균형을 이루도록 해야 한다는 것이다. 공동의 이익을 위해 어쩔 수 없이 한 배를 타야 하는 경우에는 자신의 명성과 평판만을 앞세워 상대의 명성을 해쳐서는 안 된다.

또 비밀은 되도록 털어놓지 않는 것이 좋다. 어쩔 수 없는 상황이라면, 비밀이 유지될 수 있도록 상대방에게 경고하고 재주껏 입을 다물도록 해야 한다. 지혜로운 사람은 상대가 비밀을 공개했을 때 불이익을 감수하도록 안전장치를 마련해 둔다. 그렇게 하면 상대는 위험을 초래하지 않으려 노력할 것이고, 비밀이 누설되어 뒤통수를 맞는 일도 피할 수 있을 것이다.

불필요한 말로 생길 손해를 생각하라

사리분별

Prudence

'사리분별'이라는 거울을 통해 혹시 자신이 어리석은 사람과 관계를 맺고 있지는 않은지 점검해 보라. 그리고 그들의 공격을 피할 수 있도록 방어막을 구축하라. 사리분별로 무장한 사람은 어떤 공격이 다가와도 자신의 몸을 지킬 수 있다.

인간관계라는 넓은 바다에는 수많은 암초가 숨겨져 있다. 명성이라는 이름의 화려한 배가 암초에 걸리지 않고 안전하게 항해하기 위해서는 영웅 오디세우스처럼 끊임없이 진로를 바꾸며 나아가야 한다. 다른 사람의 예리한 칼끝을 피할 요령을 미리 익혀 두는 게 중요하다. 상대방에게 너그럽고 예의 바르게 행동하는 것도 지혜로운 방법이다. 여러 사람으로부터 호감을 얻어 두면 어려울 때 방패가 되어 줄 것이다.

어리석은 사람으로부터 당신을 지켜라

남의 장점을
찾아라

Find The Strengths In Others

　사람들에게서 장점을 찾으라. 장점을 찾으려고 노력한다면 누구에게서든 긍정적 면모를 발견할 수 있다. 불평불만으로 가득 찬 사람은 수천 가지 장점보다 한 가지 결점을 골라 비판하기 일쑤다.

　좋은 리더는 남의 잘못을 지적하며 우월감을 느끼지 않는다. 만약 당신의 리더가 상대의 나쁜 점만 골라내는 삐뚤어진 사람이라면 절대로 어울려 지내지 마라. 그런 사람들은 결국 큰 함정에 빠져 허우적거리며 다른 사람들까지 무너지게 만든다.

　수천 가지 악에 둘러싸여 있어도 단 하나의 선을 찾는 사람이 되어라. 아무리 어리석은 사람도 장점 한두 가지는 가지고 있다.

　　　　　누구나 장점 한두 가지는 가지고 있다

좋은 대접을
받고 싶다면

If You Want To Be Treated Well

　　예의 바르게 대하면 상대방은 깊은 감사의 마음을 갖게 되고 주변 사람들에게 좋은 인상을 준다. 반면 예의를 갖추지 않으면 옳은 행동을 하더라도 싸잡혀 비난을 받게 된다. 인간관계에서 형식은 그만큼 중요하다.

　사람은 마음이 내키지 않아도 지켜야 할 예절이 있고, 기분이 나빠도 에둘러 표현해야 할 말이 있다. 정중함은 한쪽에서 다른 쪽으로 흘러가 사라져 버리는 것이 아니라 서로 주고받는 것이다. 항상 깍듯한 태도를 보이는 사람에게는 누구도 함부로 대하지 못한다. 격의 없는 사이라도 예의를 지키고 사소한 실수라도 드러내지 않도록 하라. 남에게 제대로 대접받고 싶다면 먼저 대접하는 것이 예의의 기본이다.

　이런 행동은 언제나 손실보다 이득이 더 크다. 예의

바른 사람은 좋은 말 한 마디만으로도 보은(報恩)을 받으며, 자신이 베푼 선물보다도 더 큰 선물을 얻게 된다. 세련된 예의는 사람을 정복하는 힘이다.

그러나 비열한 자들에게는 단호하게 대처하라. 호의와 애정을 받고도 남을 폄하하는 사람들에게 예의 바르게 대할 이유는 없다.

세련된 매너를 갖춰라

너무 가까우면
실수할 수 있다

Too Close Can Lead To Mistakes

　　존경과 애정은 양립할 수 없다. 존경받고 싶다면 지나치게 가까워지지 말고 일정한 거리를 둬야 한다. 애정은 일종의 속박이며, 증오와 마찬가지로 사람의 자유를 억제한다. 애정과 존경은 물과 기름처럼 서로 융합될 수 없다. 존경이 경외와 두려움에서 비롯된다면, 애정은 친밀함에서 비롯된다.

　　지나치게 친숙한 관계로 서로 허물없이 지내다 보면 존경심이 사라지기 쉽다. 인간관계에서 서로 사랑하고 좋아하는 관계보다는 서로 존경하고 존경받는 사이가 되기 위해 노력하라. 이것이 지혜로운 자의 사랑법이다.

　　　　　　좋은 사이에도 일정한 거리가 필요하다

기대감을
남발하는 사람

Overpromiser

　　　　일을 시작할 때는 사람들이 과도한 기대를 하지 않도록 하라. 계획이 아무리 탄탄해도 실행 단계에 접어들면 예상대로 되지 않는 경우가 많다. 희망을 가득 품었다가 결과가 기대에 미치지 못하면 사람들은 실망하게 된다. 그러나 결과라는 것은 대개 기대를 충족시키지 못하는 법이다.

　실망을 만들어 내는 원흉은 기대다. 그러므로 기대를 절제하면 문제의 본질에 더 쉽게 접근할 수 있다. 기대를 낮추면 인생은 더 행복해진다.

　다른 사람과의 관계에서도 마찬가지다. 기대가 클수록 실망도 커진다. 겉으로는 훌륭한 사람처럼 보여도 그 안에는 자신도 모르는 부족함을 가진 것이 인간이다. 외모가 아름다운 것은 좋지만 그것에 속지 말아야 한다. 추한 얼굴을 지닌 사람이 뜻밖에 두각을 나타내는 이유는 사람들의 기대치가 낮기 때문임을 잊지 마라.

실망을 만들어 내는 원흉은 기대이다

일이 마음처럼
되지 않을 때

When Things Go Wrong

카드게임을 하다 보면 게임 종류를 계속 바꾸어 봐도 영 풀리지 않을 때가 있다. 인생도 마찬가지다. 살다 보면 '왜 이렇게 안 풀리지?'라는 생각이 들 정도로 운이 없을 때가 있게 마련이다. 그럴 때는 잠시 뒤로 물러나 일에서 손을 떼는 편이 낫다. 항상 승승장구할 수는 없는 노릇이니까.

어떤 날은 아무리 용을 써도 되는 일이 없다가도 어떤 날은 조금만 애쓰면 모든 일이 확 풀리기도 한다. 운은 어차피 돌고 돈다. 불운이 찾아왔을 때는 잠시 쉬어가라.

모든 일에 승승장구할 수는 없다

논쟁에서
이기려면

To Win The Debate

논쟁할 때는 반론하는 사람의 말에 귀를 기울여라. 상대가 자신을 공격하려고 하는 사람인지, 아니면 단순히 성격이 비뚤어진 사람인지를 구분할 수 있어야 한다. 후자는 논쟁이 끝난 뒤 웃고 잊어버리면 그만이지만, 명확한 목적을 가지고 덤벼든 사람은 절대로 가만히 두면 안 된다. 그런 사람 중에는 상대방을 함정에 빠뜨려 회복 불능 상태로 만들려는 자도 있기 때문이다.

서로가 끝을 보겠다고 결심한 상황이라면 어쩔 수 없지만, 준비되지 않은 상태에서 불의의 일격을 당한다면 그만큼 억울한 일이 어디 있겠는가. 논쟁 중에는 상대방의 말에 집중하고 틈을 주지 않는 것이 지혜로운 사람의 필수적인 태도다.

논쟁에서 이기려면 빈틈을 보이지 마라

다양한 조언을
즐겨 들어라

Be Open To Various Advice

　간사한 언행은 뻐꾸기처럼 다른 새의 둥지에 몰래 알을 낳아 가장 먼저 부화함으로써 진실이라는 이름의 새들을 모두 몰아낸다. 어미 새는 뻐꾸기 새끼가 자기 새끼인 줄 알고 열심히 먹이를 날라 키우지만 결국에는 둥지까지 빼앗기고 만다.

　세상의 이치도 이와 같아서 달콤한 아첨이나 교활한 미소에 속아 넘어가면 올바른 판단을 내리기 어려워진다. 알렉산더 대왕은 나라를 통치할 때 잘못된 의견에 현혹되지 않도록 여러 사람에게 의견을 구했다. 그리고 그것들을 비교하고 검토한 뒤에야 정책을 결정했다. 이처럼 더 나은 의견을 수렴할 준비를 하는 것은 지혜로운 리더가 취해야 하는 방책이다.

> 여러 사람의 의견을 듣고 검토하라

나서길 좋아하는
당신에게

For Attention-Seekers

주제넘게 나서지 마라. 그러면 최소한 남들에게 무시당하지는 않을 것이다. 다른 사람에게 존중받고 싶다면 먼저 남을 존중할 줄 알아야 한다. 자신의 인격에 대해 엄격해져라. 제멋대로 나서는 사람보다 남들의 요청에 귀 기울여주는 사람이 환영받는 것은 당연한 일이다. 쓸데없이 간섭했다가 일을 망치면 몇 배로 원망을 사게 된다.

일이 잘되더라도 마찬가지다. 부탁한 사람도 없는데 누가 감사를 표할 수 있겠는가. 남의 논쟁에 끼어드는 사람은 조롱의 대상이 될 뿐 제대로 된 의견을 개진할 기회도 얻지 못한다. 꼭 필요한 자리에서 자신의 능력을 발휘하려면 아무 데서나 나서는 버릇을 버려야 한다.

아무 데서나 나서지 마라

조율

Mediation

　　　자기 주장을 펼칠 때는 조심스러워야 한다. 누구나 자신의 이익을 최우선으로 생각하고, 자신을 정당화하기 위해 가능한 모든 근거를 끌어들이기 마련이다. 서로 자신의 주장이 옳다고 옥신각신하는 일은 흔하다. 하지만 두 사람 모두 옳을 수도 있고, 둘 다 틀릴 수도 있다. 하나뿐인 진실에 도달하려면 꾸준한 노력이 필요하다. 의견이 충돌할 때는 지혜를 모아 신중하게 대화해 보라.

　　때로는 반대 의견을 받아들이는 것이 더 현명한 선택일 수 있다. 상대방의 입장에서 자신의 생각을 다시 한 번 돌아보라. 그러면 함부로 상대를 비난하거나, 일방적으로 자신을 정당화하는 일을 줄일 수 있을 것이다

상대방의 관점으로 바라보라

열정

The Passion

　　열렬한 사랑에 빠진 사람은 종종 상대방을 제대로 판단하지 못한다. 하지만 사랑이 식고 나면 남는 것은 후회뿐이다. 자신의 행동을 되돌아보며 후회 속에 여생을 보내는 것은 어리석은 사람들이 보이는 공통적인 모습이다.

　　지혜로운 사람은 사랑을 나눌 때도 열정을 적절히 조절한다. 그들에게 열정은 삶에 활력을 더하는 자양분 그 이상도 이하도 아니다. 아무리 깊어 보여도 사랑은 한 사람에게 머무르지 않고 끊임없이 움직인다. 그것은 순간적인 감정의 변화일 뿐 지속되는 시간이 매우 짧다는 사실을 잊지 마라. 조절할 자신이 없다면 애초에 빠져들지 않는 것이 좋다.

너무 열정적으로 행동하지 마라

생각은 깊이 있게
행동은 신중하게

Think Deeply, Act Carefully

문제가 생겼을 때 깊이 생각하는 습관을 들여라. 어려운 상황일수록 더욱 깊이 고민하라. 어리석은 사람들이 실패하는 가장 큰 이유는 생각하지 않거나 생각할 능력이 없기 때문이다. 난관에 부딪혔을 때는 어쩔 줄 모르고 당황하다가 어정쩡하게 마무리된 뒤에야 안도하는 자세로는 아무것도 성취할 수 없다.

어리석은 사람들이 범하는 또 하나의 실수는 지나간 일에 마음을 쓰거나 쓸데없는 일에 정신을 빼앗겨 정작 중요한 일을 해결하지 못하는 것이다. 이는 마치 물과 거름도 제대로 주지 않으면서 튼실한 열매가 맺히기를 바라는 과수원 주인과 다를 바 없다.

성과는 탄탄한 계획과 성실한 준비를 바탕으로 꾸준히 노력할 때 비로소 얻을 수 있는 것이다. 지혜로운 사람은 한 걸음 더 나아가 성과를 다시 한 번 깊이 되짚어 보며 다음 과정을 위한 발판으로 삼는다. 과감하게 행동하되 생각의 끈은 결코 놓지 마라.

                        깊게 생각하는 습관을 들여라

언행일치

Walk The Talk

말과 행동을 꼼꼼히 따져 어긋남이 없도록 하라. 지혜로운 사람은 어떤 일이든 시작과 끝을 한결같이 유지한다. 일관성은 지혜로움의 증거가 된다. 언행이 일치되면 품격이 높아지고, 처음과 끝이 한결같으면 신뢰를 얻는 것은 당연한 일이다.

그러나 말과 행동이 다른 사람은 자신의 변덕이 남에게 미칠 영향을 고려하지 않고, 미리 정한 약속을 제멋대로 바꾼다. 그들은 스스로 평판을 망치는 행동을 하는 줄도 모른 채 남들을 혼란스럽게 만든다. 만약 변화로 인해 좋은 성과가 기대된다면 먼저 관계자들을 설득하라. 제멋대로 바꿔놓고 이익을 독점하면 원성을 사게 된다. 분명한 이유를 제시해 납득시킨다면, 그들은 기꺼이 결과를 받아들이고 당신을 높게 평가할 것이다.

말과 행동에 어긋남이 없도록 하라

변화를
두려워해서야

Don't Be Afraid Of Change

자신의 속내를 들키지 않기 위해서는 일하는 방식을 자주 바꿔야 한다. 이는 상대를 혼란스럽게 하고 기선을 제압하는 데 효과적이다. 언제나 솔직하게 행동하면 타인에게 이용당하거나 불리한 처지에 놓일 위험이 크다. 한 방향으로만 곧게 날아가는 새는 쉽게 떨어뜨릴 수 있지만, 방향을 수시로 바꾸며 날아다니는 새는 맞히기 어려운 법이다. 하지만 언제나 기교로 남을 속이려는 것은 어리석은 일이다. 같은 속임수에 두 번 걸려드는 사람은 많지 않으며, 한 번 속은 사람은 약점만 찾으면 언제든 반격할 준비가 되어 있다. 따라서 속내를 감출 때는 더욱 정교한 전략이 필요하다. 체스의 명수는 상대보다 몇 수 앞을 내다보며 말을 움직인다. 상대의 계획에 말려드는 것은 결국 스스로 파놓은 함정에 빠지는 결과를 낳을 뿐이다.

속셈을 감추고 주도권을 잡아라

지식의 습득

The Acquisition Of Knowledge

지식을 폭넓게 습득하고 가능한 많이 기억해 두라. 지혜로운 사람은 남들이 잘 모르는 특이한 지식으로 단단히 무장하고 있다. 천박한 스캔들이나 풍문이 사람들의 관심을 끌 수 있지만, 이런 종류의 지식은 오래가지 못한다. 진정으로 지혜로운 사람은 곤경에 처했을 때 활용할 수 있는 지식을 쌓아 둔다.

지식은 전달하는 방법도 중요하다. 지혜로운 사람은 자신의 이야기에 신뢰감을 얻는 방법을 알고 있다. 그들은 담백하고 세련된 행동과 말투로 상대의 신뢰를 얻으며, 일을 처리할 때도 평범한 사람들이 갖지 못한 탁월함과 임기응변을 보여준다.

누군가에게 조언을 할 때는 상대방의 감정이 상하지 않도록 주의하라. 재치 있고 온화한 충고가 훨씬 더 효과적이다. 자유 7과(중세 유럽의 학교에서 가르치던 과목으로 문법, 수사학, 논리학, 수학, 기하학, 천문학, 음악)는 우리에게 꼭 필요한 가르침이지만 실제 삶에서 직면하는 문제들을 해결하는 실마리는 다른 사람들과의 대화에서 찾을 수도 있다.

폭넓은 지식을 습득하라

결점은 결코
아킬레스건이 아니다

A Flaw Is Not Always An Achilles' Heel

　　　　결점은 결코 아킬레스건이 될 수 없다. 도덕적으로든 성격적으로든 결함이 없는 사람은 거의 없다. 결함은 대개 선천적이라 쉽게 고쳐지지 않으며, 그 사람 자신도 고쳐야 할 필요성을 잘 느끼지 못한다.

　그러나 결점이 적의를 품은 사람에게 노출되면 적지 않은 타격을 입을 수 있다. 만약 자신의 결함이 무엇인지 알고 대처한다면 최소한의 방어는 할 수 있다.

　지혜로운 사람은 여기에서 한 걸음 더 나아가 결점을 자랑거리로 바꿔 버린다. 카이사르는 월계관을 쓰고 다니며 자신의 대머리를 빛나는 영광의 징표로 만들었다. 이러한 태도가 바로 능력의 발현이다.

결점을 자랑거리로 만들어라

헛된 공상은 금물

Don't Dream In Vain

지혜로운 사람은 자신의 발전을 위해 상상력을 활용할 줄 안다. 미래를 예측하고 결과를 예상해서 방향을 설정하는 것이다. 그들은 상상을 통해 새로운 세계로 모험을 떠나며 이를 통해 행복을 느낀다.

그러나 쓸데없는 공상에 사로잡혀서는 안 된다. 공상 속에서는 무엇이든 될 수 있고, 무엇이든 할 수 있지만 실제로는 아무것도 이루어지지 않기 때문이다. 공상은 종종 사람들을 낙담시키며, 마음속에 의심을 품게 만들어 고통을 유발한다. 그러므로 상상력을 잘 통제해 구체적인 성과를 이끌어 내는 데만 사용하라.

헛된 공상에 사로잡히지 마라

바보에게도
배울 점이 있다

Even Fools Teach

　　　　지혜로운 사람들은 저마다 특별한 재능을 가지고 있다. 어떤 이는 뛰어난 판단력을, 어떤 이는 마르지 않는 용기를 가지고 있다. 로마가 하룻밤에 건설되지 않았듯 이러한 재능은 결코 하루아침에 이루어진 것이 아니다.

　지혜로운 사람은 자신의 장점을 찾아내 끊임없이 절차탁마(切磋琢磨)한다. 반면 어리석은 사람은 열심히 노력하면 결과가 좋을 것이라고 믿은 채 자신의 장점과 재능이 제대로 발휘될 수 없는 분야에 무작정 뛰어든다. 결국 시간이 지날수록 어리석은 사람과 지혜로운 사람의 격차는 크게 벌어지게 된다.

자신의 장점을 찾아 연마하라

상대를 존중하라

Respect Your Opponent

매몰차고 냉정한 말을 거리낌 없이 내뱉는 사람들이 있다. 이것은 등 뒤에 적을 만드는 어리석은 행동이다. '성격 때문에', '잠시 화가 나서'라고 변명해 봐야 이미 상한 마음은 되돌릴 길이 없다. 원래 선의와 같은 좋은 감정은 노력해도 쉽게 전달되지 않지만, 적대감은 순식간에 자라나게 마련이다.

별다른 이유 없이 남을 미워하는 것은 스스로 무덤을 파는 행위다. 넓은 흉금을 가진 사람은 예의 바른 말과 정중한 태도로 호감을 얻는다. 그들은 사소한 잘못을 쉽게 포용함으로써 자신의 잘못도 남들에게 쉽게 받아들여지도록 만든다. 존중받고 싶다면 먼저 상대방을 존중하라. 인생은 뿌린 대로 거두는 법이다.

> 존중받고 싶거든 상대방을 존중하라

과장이라는
함정

The Trap Of Exaggeration

    '최고'나 '제일'과 같은 표현으로 상대방을 지나치게 추켜세우지 마라. 과장은 사실을 왜곡하고 올바른 판단을 방해하며 진실을 가린다.

    그 해악은 남을 속이는 데 그치지 않고 그런 말을 반복하는 사람에게도 악영향을 미친다. 이는 마치 자신이 파 놓은 함정에 자신이 빠지는 것과 같다.

    진정으로 탁월한 것은 과장하지 않아도 스스로 모습을 드러낸다. 불필요한 호들갑으로 자신의 이름에 누를 끼치지 마라.

> 누군가를 칭찬할 때는 과장하지 마라

겉모습

Appearance

　　지혜로운 사람은 내면을 끊임없이 갈고닦는다. 장인의 헌신적인 연마가 아름다운 다이아몬드를 만들어내는 것처럼, 깊고 충실한 내면에도 지속적인 노력이 필요하다. 겉치레에만 신경 쓰는 사람은 아이가 쌓아놓은 모래성처럼 자그마한 충격에도 쉽게 무너져버린다. 반면 내면이 단단한 사람은 예상치 못한 태풍이 불어와도 쉽게 흔들리지 않는다.

　　내면의 아름다움은 관계에서도 빛이 난다. 겉치레에 몰두하는 사람은 내면의 깊이가 부족하므로 첫 인사가 끝나고 나면 더 이상 할 말이 없어진다. 의례적인 대화를 주고받으며 시간을 보내지만 금방 수도자처럼 침묵에 빠진다. 끊임없이 넘쳐흐르는 마음의 샘물을 가진 사람만이 지혜로운 말을 내놓을 수 있는 법이다.

내면의 자아를 갈고닦아라

평정심

Composure

　　마음의 평정을 잃지 않는 것은 지혜로운 사람이 갖춰야 할 기술이다. 넓은 도량과 끝없는 수련 없이는 평정심을 유지하기가 불가능하다. 사소한 일에는 쉽게 넘어갈지 몰라도 어려운 상황에 직면하면 평소의 여유를 잃어버리고 만다. 그럴 때는 작은 불씨에도 활활 타오르는 섶처럼 감정이 격해지기 쉽다.

　　자신의 감정을 철저하게 다스려라. 최선의 상황에서든 최악의 상황에서든 마음의 평정을 지켜라. 분노에서 자유로운 사람은 누구에게도 약점을 드러내지 않는다. 만약 당신이 탁월한 자제력을 갖고 있다면 자연스럽게 타인의 존경을 얻게 될 것이다.

어떤 상황에서도 평정심을 잃지 마라

일관성이
필요할 때

When You Need Consistency

 다른 사람과 함께 일하다 보면 예상과는 전혀 다른 결과가 나올 때가 있다. 이는 명확한 원칙이 없어 일관된 진행이 어렵기 때문에 생기는 문제다. 지혜로운 사람은 일관성을 중요하게 여긴다. 완벽한 성취를 추구하기 때문이기도 하지만, 무엇보다도 협업할 때 보조를 맞추는 일이 훨씬 수월해지기 때문이다.

절차를 자주 변경하고 계획을 흔들어 놓으면 일의 흐름이 깨지고 혼란만 가중된다. 특히 처음 협업하는 상대라면 시작부터 원칙과 일관성의 중요성을 분명히 인식시켜야 한다. 그렇지 않으면 상대의 혼란 속에 휩쓸려 결국 자신의 명예까지 손상될 수 있다.

> 협업할 때는 일관성을 유지하라

시대의 흐름에
뒤처지지 마라

Don't Fall Behind The Times

　　세상의 모든 존재는 경험이라는 나이테를 몸에 새기며 살아가지만 처음의 신선함은 시간이 지나면 빛을 잃게 마련이다. 사람도 그와 같다. 아무리 훌륭한 사람이라도 시대의 흐름에 적응하지 못하면 경쟁력을 잃고 사람들의 기억 속에서 사라지고 만다.

　불사조가 영원히 살아갈 수 있는 이유는 매번 활활 타오르는 불 속에 몸을 던져 새롭게 태어나기 때문이다. 그러므로 끊임없이 자신의 능력을 새롭게 하라. 지혜로운 사람이라면 마땅히 자신이 쌓아온 경험을 새로운 시대에 맞는 재능으로 변화시킬 줄 알아야 한다.

자신의 능력을 새롭게 하라

유연한 태도

A Flexible Attitude

　　옳은 것에 집착하지 마라. 옳은 일만 추구하다 보면 사람들에게 따돌림을 당할 수 있다. 지나치게 맑은 물에는 고기가 살 수 없는 법이다.

　　옳은 일을 하는 것은 지혜로운 사람의 특권이지만 옳은 일만 고집함으로써 생기는 비난에도 항상 주의를 기울여야 한다. 잘잘못을 따지기 위해 주변 사람들을 지나치게 몰아세우는 것은 모두에게 득이 되지 않는다.

옳은 것이라 해도 집착하지 마라

재능을
계발하라

Develop Your Talent

　　자신의 재능을 정확히 파악하라. 그중에서도 특별한 재능이 무엇인지를 깨닫는 것이 중요하다. 특화된 재능을 키워 나가다 보면 다른 자질도 자연스럽게 발달한다. 타고난 소질을 제대로 파악한 사람은 어떤 분야에서든 한 몫을 단단히 챙길 수 있다.

　　자신의 자질 가운데 가장 뛰어난 능력이 무엇인지 알아내고 그것을 키우는 데 온 힘을 쏟아라. 판단력이 뛰어날 수도 있고 용기가 장점일 수도 있다. 대부분의 사람은 지식을 쌓기 위해 헛된 노력을 기울이다가 끝내 아무것도 이루지 못한다. 재능 없는 분야에 전념하느라 다른 것을 보지 못하고, 막상 좋은 기회가 와도 자신의 특기를 살리지 못하기 때문이다. 첫 단추를 잘못 끼우면 결국 모든 것이 틀어지게 된다.

자신의 재능을 발견하고 특화하라

선한 삶은
장수에 이롭다

Good Life Prolongs Your Life

　　선한 삶은 장수의 비결이다. 생명을 단축시키는 두 가지는 어리석음과 방탕함이다. 어리석은 사람은 아무 일에나 나서다 명대로 살지 못하고 방탕한 사람은 아무렇게나 살기 때문에 일찍 죽는다.

　미덕에는 보답이 따르지만 악덕에는 징벌이 따른다. 나쁜 짓을 많이 저지르는 사람은 죽음을 향해 달려가는 반면 선한 삶은 영원히 지속된다.

　자신의 영혼을 깨끗하게 유지하는 사람은 육체도 건강하게 가꿀 줄 안다. 그러므로 선하게 살아라. 그렇게 하면 행복을 얻고 다른 사람으로부터 칭송을 받을 것이다.

선하고 바르게 살아라

대접받을 가치가
있는 사람

People Who Deserve Respect

　　모든 사람을 똑같이 대접해서는 곤란하다. 세상에는 존중받아 마땅한 사람이 있고 무시해도 괜찮은 사람이 있기 때문이다. 황금 잔에는 값비싼 샴페인이, 나무 잔에는 싸구려 포도주가 담기는 법이다.

　그러므로 뛰어난 사람을 평범한 사람과 동일 선상에 놓지 마라. 뛰어난 사람을 평범하게 취급하면 불쾌해지며, 평범한 사람을 특별하게 대우하면 교만이 하늘을 찌르게 된다.

　고상한 행동과 고결한 마음을 지닌 사람만을 영접하라. 지혜로운 사람의 식탁에 어울리는 인물은 그만한 가치가 있어야 한다.

　　　　　　　　　　대접받을 만한 사람에게 대접하라

평소
말이 많다면

If You Are Talkative

　　대화할 때는 자신에 대한 이야기를 삼가라. 자신의 이야기를 좋아하는 사람은 남의 말을 들어 줄 여유가 없고 머릿속이 자기 생각으로 꽉 들어차 있어서 다른 사람을 배려하지 못하는 경우가 많다.

　자신에 대한 이야기가 자화자찬이나 자학으로 흘러가지 않도록 조심하라. 자화자찬은 허영심에서 나오며 자학은 다른 사람과 비교하는 소심한 마음에서 나온다. 만약 당신이 뛰어난 사람과 대화를 해야 한다면 더욱 신중해질 필요가 있다. 조금이라도 분별력이 부족해 보이면 금방 어리석은 사람으로 낙인 찍히기 때문이다. 지혜로운 사람은 중요한 자리에서 말을 아껴 실수를 피한다.

　　　　　　　　　　　　　말을 할 때는 신중해져라

실용적인
지식을 중시하라

Put Importance On Practical Knowledge

　　　　사람들이 살아가는 방식을 몸에 익혀라. 아무리 고상하고 훌륭한 지식이 있어도 세상 물정을 모르면 제대로 된 직업을 가질 수 없다. 대중에게 인정받지 못한다는 이유로 한탄만 하다가는 평생 굶주림과 소외감 속에 지내게 될 것이다.

　지혜로운 사람일수록 아무리 작은 세상의 이치라도 잘 이해한다. 먹지 않고는 배부를 수 없는 것처럼 대중에게 인정받지 못하는 지식으로는 끼니조차 해결할 수 없는 법이다. 실용적인 지식을 결코 과소평가하지 마라.

　　　　　　　　　　　일상적인 지식을 가까이하라

자신의 가치를
높이고 싶은가?

Do You Want To Increase Your Value?

　　예의 바르게 말하고 품위 있게 행동하는 사람은 어디서든 쉽게 명성을 얻는다. 재치 있는 말은 잠깐의 관심을 끌 수 있지만 기품 있는 행동은 대중에게 오랜 인상을 남긴다.

　　억지로 꾸미지 않아도 훌륭한 말과 행동이 나오도록 스스로를 단련하라. 이러한 덕목은 성취하기가 쉽지 않지만 일단 몸에 배면 모든 사람의 존경을 얻는 기반이 된다.

말과 행동은 품위 있게 하라

단점보다
장점을 보라

Focus On Strengths, Not Weaknesses

사람을 대할 때는 긍정적인 면부터 보라. 지혜로운 사람은 다른 이의 장점과 미덕을 먼저 찾아낸다. 꿀벌은 집을 짓기 위해 달콤한 꽃을 찾고, 독사는 독을 만들기 위해 쓴 풀을 찾는다. 사람의 성향도 마찬가지여서 어떤 이는 장점을 먼저 보고, 어떤 이는 단점에만 집중한다. 그러나 세상 모든 것에는 반드시 한 가지씩 좋은 점이 있다는 것을 기억해야 한다.

불행을 자초하지 마라. 어떤 사람은 뛰어난 자질을 갖춘 이에게서 단 하나의 단점을 찾아내 비난하고 부풀린다. 하지만 남의 결점을 찾는 일은 마음의 짐으로 돌아와 견딜 수 없는 고통을 낳게 된다. 그런 사람은 결국 슬픈 삶을 살게 될 뿐이다.

반면 지혜로운 사람은 결점투성이인 사람에게서도 아

름다운 점을 발견하고 칭찬한다. 이러한 태도는 삶을 더욱 즐겁고 행복하게 변화시킨다.

　　　　　　상대를 대할 때는 긍정적인 면부터 보라

속 좁은
그대에게

If You Are Narrow-Minded

　　대중의 태도에 일희일비하지 마라. 만약 대중으로부터 멀어졌다고 느껴진다면 전문성을 쌓고 인맥을 넓혀라. 그리고 그 과정에서 여유롭고 유쾌한 태도를 유지하라. 대중의 관심을 잃었다고 괴로워하는 것은 지혜로운 지도자의 태도가 아니다. 그런 태도는 결국 다시 찾아올 인기를 쫓아 낼 뿐이다.

　사람들이 당신에게 의지하고 싶어 하도록 실력을 키워라. 당신에게 도움을 받은 사람은 언젠가 다시 돌아온다. 또한 당신의 지위를 확고히 하기 위해 최선을 다하라. 지위가 높아지면 자연스레 대중의 관심을 끈다.

　　　　　　　　흔들리지 말고 자신의 역량을 키워라

잘난 척은
이제 그만

Don't Be A Smart Aleck

자기만족에 겨워 잘난 척하지 마라. 결코 좋은 평판을 들을 수 없다. 스스로에게는 만족스러울지 몰라도 다른 사람의 마음을 흡족하게 하지 못하면 그런 태도는 별다른 의미가 없다. 어리석은 사람이 자주 빠지는 함정 중 하나는 자신의 성과를 혼자 기뻐하고 남들의 조언을 구할 필요성을 느끼지 않는다는 점이다. 아무리 훌륭한 물건이라도 누군가가 사주지 않으면 팔리지 않는 법이다.

자기만족에 사로잡힌 사람은 다른 사람의 조언을 쉽게 무시한다. 하지만 자기 만족감은 알지 못하는 곳에서 자라나기 때문에 더욱 위험하다. 재난이나 불운은 미리 대비하면 어렵지 않게 대처할 수 있지만 자기만족과 같은 오만함은 스스로 알기 어렵다. 그 피해를 깨달았을 때는 이미 돌이킬 수 없는 상황에 이르렀을 수 있다.

자기만족에 사로잡히지 마라

약점을
드러내지 마라

Hide Your Weakness

자신의 약점을 감춰라. 다친 손가락을 함부로 드러내놓고 다니면 여기저기 부딪히거나 더러운 것이 묻어 상처가 더 심해질 수 있다. 약점도 마찬가지다. '이 정도는 괜찮겠지'라는 생각으로 약점을 드러낸다면 교활한 사람에게 휘둘려 큰 대가를 치를 수 있다. 그들은 남의 약점을 쥐고 흔들며 쾌감을 얻고 실제적인 이득까지 챙겨 간다.

지혜로운 사람은 약점 때문에 실망하고 좌절하는 한이 있더라도 그것을 절대로 드러내지 않는다. 평범한 사람은 날카롭게 노려보는 적 앞에서 무방비 상태로 먹잇감이 되지만, 지혜로운 사람은 고슴도치처럼 가시를 세워 남이 함부로 접근하지 못하도록 한다. 지혜로운 사람은 감언이설로 속을 떠보려는 사람을 아예 상대하지 않으며, 자신의 약점을 절대로 다른 사람의 눈에 드러내지 않는다.

적에게 미끼를 던지지 마라

간결한 말에는
힘이 있다

Power Of Brevity

아무리 중요한 이야기라도 장황하게 늘어놓거나 반복하지 마라. 요점만 깔끔하게 전달하는 것이 지혜롭고 학식 있는 사람의 대화법이다. 간결하게 말하면 의사가 명확하게 전달되므로 내용이 알차게 들리고 상대방의 이목을 집중시킬 수 있다. 교양 없게 말하지 말고 예의를 갖춰 간결하게 말하라. 그렇게 하면 더욱 큰 성과를 얻고 호감 가는 사람으로 기억될 수 있다.

어떤 대화라도 친구와의 대화처럼 편안해야 한다. 뭔가를 캐내려고 하거나 관계 없는 이야기를 불필요하게 늘어놓으면 오히려 상대방의 마음에 벽을 쌓게 만든다. 사려 깊은 사람은 간결하고 명확한 언어로 상대방을 지루하게 하지 않으며, 신경을 거스를 만한 일에 대해서는 굳게 입을 다문다.

지혜로운 사람은 간단명료하게 말한다

PART 04

자신의 가치를
높이는 지혜의 기술

It's only when the tide goes out that you discover who's been swimming naked.
Warren Buffett

썰물일 때 비로소 누가 벌거벗고
헤엄치는지 알 수 있다.

워런 버핏

감언이설을
조심하라

Beware Of Flattery

지혜로운 사람은 교활한 사람의 감언이설을 꿰뚫어 본다. 그들은 그럴듯한 말과 행동으로 상대방의 환심을 사지만 그 속은 시커먼 의도로 가득하다. 마치 도금된 왕관처럼 겉으로는 화려해 보이지만 조금만 건드려도 금박이 벗겨지고 본모습이 드러난다. 치졸한 의도는 겉치레로 감춘다고 사라지는 것이 아니다.

아무리 위대하다고 칭송받는 사람이라도 결점은 있다. 위인을 존경하는 마음이 지나쳐 그의 잘못까지 그대로 답습하는 어리석음을 범하지 마라. 이는 결점의 본질을 제대로 파악하지 못한 데서 비롯된 착각일 뿐이다.

겉과 속을 분별하는 지혜를 길러라

자신의 결점을
고치려면

How To Fix Your Flaws

아무리 위대한 사람이라도 결점이 없는 사람은 없다. 결점은 재능처럼 타고나는 것이기 때문이다. 하지만 결점을 가진 사람과 그 결점을 고치지 못하는 사람의 차이는 하늘과 땅처럼 크다.

어리석은 사람은 자신의 결점을 깨닫지 못한다. 그들은 자신의 단점을 고치려 하지 않고 편리함과 쾌락이라는 욕망에 쉽게 넘어가는 경향이 있다. 반면 지혜로운 사람은 그러한 유혹에 흔들리지 않으며 결점을 드러내지 않는다.

아무리 평범한 사람이라도 자신의 결점을 알면 쉽게 고칠 수 있다. 자신을 향한 지적에 어느 정도 사실이 있음을 인정하면 된다. 남의 말을 들을 때처럼 내면의 목소리에도 귀를 기울여라. 무엇보다 자기 자신을 속일 수 있는 존재는 바로 자신임을 기억해야 한다. 자신의 결점을 알게 되면 그것을 고쳐야 하는 이유도 명백해진다. 너무 서두르지 말고 큰 것부터 하나씩 고쳐 나가라. 그러면 작은 결점들은 저절로 고쳐질 것이다.

                    자신의 결점을 인정하고 고쳐 나가라

조언하고
싶다면

If You Want To Give Advice

　　　　의미 없는 말이나 험담으로 관심을 끄는 사람이 있다. 그런 사람은 잠깐 동안은 화제의 중심에 있는 것처럼 보인다. 하지만 같은 소리도 계속 듣다 보면 결국 싫증이 나게 마련이다. 그러므로 흥미를 끄는 이야기를 늘어놓기보다는 상대의 말을 사려깊게 경청하고 꼭 필요한 조언만 하라. 또 적절한 조언을 할 수 있도록 지식과 경험을 쌓아라. 같은 충고라면 먼저 한 사람이 더 큰 대접을 받는다.

　섣불리 다른 사람의 다툼에 끼어들어 중재자가 되려고 하지 마라. 결과가 좋지 않으면 양측 모두에게 볼멘소리를 듣게 된다. 모르는 일에는 입을 다물고 있는 편이 낫다.

　　　　　　　조언을 할 때는 꼭 필요한 말만 하라

상대와 대결할 때는
이렇게

How To Compete Against Opponents

　　　다른 사람과 대결할 때는 정정당당하게 맞서라. 지혜로운 사람은 전쟁에서도 명예롭게 행동한다. 승부를 걸 때는 제3자의 개입을 막고 자신의 신념대로 행동하라. 다른 이들의 요구에 끌려다니다가 자멸한 사람이 역사에는 수없이 많다.

　패배를 모르는 듯한 인상을 남겨라. 언제나 승리하는 모습을 보여주는 사람에게는 함부로 덤비지 못한다. 이긴 후에는 상대를 관대하게 대하라. 넓은 마음으로 용서할 줄 아는 사람은 더 많은 인맥을 형성할 수 있다. 이기기 힘든 적일수록 진심으로 승복하고 나면 능력 있는 친구가 된다. 또한 남의 신뢰를 배신하지 마라. 등 뒤에서 칼을 들이대는 비겁한 사람에게는 반드시 그에 합당한 응보가 따른다.

명예롭게 싸우고 관대하게 대하라

위기가
닥쳤을 때

When Crisis Strikes

　　최선을 다하는 것도 중요하지만 일을 진행할 때는 언제나 약간의 여력을 남겨 두는 것이 좋다. 모든 능력과 열정을 한곳에 쏟아부으면 돌발 상황이 생겼을 때 유연하게 대처하기 어렵기 때문이다. 지혜로운 사람은 자신의 역량을 정확히 파악하고 필요한 만큼만 적재적소에 사용한다.

　모두가 난처해하고 있을 때야말로 비축해둔 실력을 발휘할 좋은 기회다. 평소 성실한 모습을 보이는 것도 중요하지만, 위기를 슬기롭게 해결할 수 있다면 훨씬 더 능력 있는 사람으로 인정받게 된다. 신중하게 상황을 살피고 기회를 기다려라. 다른 사람의 위기를 자신의 기회로 만드는 것은 지혜로운 사람이 반드시 갖춰야 할 기술이다.

　　　　　　　위기를 기회로 만드는 역량을 키워라

늘 겸손한
마음으로

Always Stay Humble

　　자신의 분별력이 부족하다고 느껴진다면 지혜로운 사람의 잠언에 귀를 기울여라. 소크라테스가 말했듯 많은 사람은 자신의 무지를 알지 못하고 그것을 인정하지도 않는다. 자신에게 무엇이 부족한지조차 모르는 사람이 어떻게 세상의 지혜를 얻을 수 있겠는가?

　현명하다고 확신하지 마라. 진정으로 지혜로운 사람은 언제나 자신이 부족하다고 느끼며 끊임없이 스스로를 채찍질한다. 빈 잔에는 좋은 술을 채울 수 있지만, 이미 가득 찬 잔에는 더 이상 채울 것이 없는 법이다. 조언을 구하는 사람은 결코 어리석은 사람이 아니다. 귀를 틀어막고 자기 식으로만 생각하는 사람이 진짜 어리석은 사람이다.

　　　　지혜로운 사람은 언제나 자신의 부족함을 안다

불공평하다고
생각하는가

Do You Think It's Unfair?

　　　　모든 일을 완벽하게 아는 사람은 없다. 사람마다 맡은 역할이 다르며 그 역할이 모여 세상을 움직이기 때문이다.

　지혜로운 사람은 모든 이를 존중하고 자신과 관계하는 사람들 속에서 선한 의지를 찾아 서로의 발전을 돕는다. 반면 어리석은 사람은 자신의 결점은 모른 채 남의 작은 허물만 비난한다. 그 결과 주변 사람들과의 관계는 최악으로 치닫게 된다.

　그러므로 매사에 감사하는 마음을 지녀라. 진정한 지혜는 세상 모든 것에 감사하는 방법을 배우는 데 있다.

매사에 감사하는 마음을 지녀라

말과 행동

Words And Actions

신중한 말과 품위 있는 행동은 사람의 품격을 평가하는 기준이 될 수 있다. 이는 뛰어난 지성과 성숙한 정신을 보여주는 또 하나의 표현이다. 말이나 행동 어느 한쪽만으로는 존경받거나 위대한 사람이 될 수 없다. 두 가지를 모두 갖춘 사람만이 비로소 진정한 위대함에 다가갈 수 있다.

입만 살아 있는 교활한 사람은 자신의 능력을 증명하지 못한다. 눈에 보이는 성과를 내지 못하기 때문이다. 행동만 앞세우는 저돌적이고 무모한 사람도 마찬가지다. 그들은 키를 잃고 표류하는 배와 같아서 자신의 잠재력을 온전히 발휘하지 못한다.

위대한 사람은 신중하게 말하고 품위 있게 행동한다.

말은 신중하게, 행동은 품위 있게

쉽게 흥분하는 사람

Hot-Tempered Person

몹시 화가 나거나 기쁨에 넘쳐 이성을 잃으면 평소와는 달리 엉뚱한 행동을 하기 쉽다. 한순간의 격정에 휩쓸려 평생 후회할 실수를 저지를 수도 있는 것이다.

교활하고 사악한 사람은 고의적으로 비위를 거슬리게 하거나 험담을 퍼뜨려 상대를 괴롭히고 반응을 세밀하게 살핀다. 그들은 비범한 이들의 비밀을 파헤쳐 명성을 훼손하려고 한다.

이런 사람들에게 대적하기 위해서는 반드시 자제력을 길러야 한다. 감정에 휘둘리지 않도록 차분히 행동하고, 순간적인 충동으로 후회할 일을 만들지 마라. '호랑이에게 물려가도 정신만 차리면 살 수 있다'라는 속담처럼 감정에 휘둘리지 않으면 어떤 상황에서도 현명하게 대처할 수 있게 된다.

또한 자신의 성공을 위해 거짓을 지어내서는 안 된다. 상대가 자신의 의도대로 움직이리라는 보장은 어디에도 없기 때문이다. 만약 거짓이 드러나면 상대는 오랫동안 복수심을 품을 수 있다.

충동적인 행동을 삼가고 자제심을 길러라

진실을
알리는 기술

The Art Of Telling The Truth

　　　　진실은 환부를 도려내는 후련함을 안겨 주지만 뼈를 깎는 고통을 주기도 한다. 정직한 사람들은 진실을 털어놓는 일이 위험하다는 사실을 알면서도 그것을 이야기할까 말까 고민한다. 지혜로운 사람은 진실을 전달하는 능력이 뛰어나다. 이는 마치 환자가 통증을 느끼지 않도록 치료 중에 끊임없이 마음을 다른 곳으로 돌리는 명의의 방식과도 비슷하다.

　　진실을 말할 때는 숙련된 기술과 올바른 태도가 필요하다. 상대의 잘못을 책망하듯 내뱉으면 쉽게 원한을 사게 된다. 진실을 말하면서도 상대를 불쾌하게 하지 않는 태도야말로 모든 사람의 존경을 받을 수 있는 길이다.

　　고사(故事)를 빌려 이야기하는 것은 지혜로운 사람이 사용하는 신중하고도 조심스러운 처세술이다. 이러한 방법은 특히 윗사람에게 좋지 않은 결과나 평가를 전할 때 효과적이다. 환상적인 이야기 속에 진실을 담아 전달하면 누구나 쉽게 받아들일 수 있다.

진실을 전할 때도 기술이 필요하다

자신을
표현하는 법

How To Express Yourself

　　관심을 받기 위해 유별나게 행동하는 사람들이 있다. 그들은 과도한 옷차림으로 이목을 끌고 독특한 쇼맨십으로 사람들을 놀라게 한다. 처음 한두 번은 그들의 행동이 좌중을 즐겁게 할지 모른다. 하지만 좋은 것도 반복되면 짜증을 유발하는 법이다.

　　유별난 행동이나 복장으로 남의 시선을 끄는 것은 지혜로운 사람이 취할 태도가 아니다. 그런 행동은 숨겨진 자신의 재능마저 제대로 인정받지 못하게 만든다. 성공한 사람들 중에는 남에게 빈축을 사면서까지 자신의 취향을 고집하는 이가 거의 없다.

　　　　　　　　　　남이 싫어하는 행동은 하지 마라

역사책을
읽어라

Read History Books

급한 일이 생기더라도 결코 당황하지 마라. 신속한 판단으로 닥친 일을 해결하고 한발 빠른 예견으로 다음 일을 준비하라. 삶은 힘들지만 계속해서 걸어가야 하는 고달픈 여정이다. 한 가지 작은 위안은 지식의 우물에서 목을 축이고 지혜의 그늘에서 땀을 식히는 잠깐의 휴식이 다시 발걸음을 재촉할 힘을 준다는 것이다.

삶에서 여유를 얻고 싶다면 역사와 대화하라. 역사는 과거를 통해 세상의 흐름을 보여주고 인간이 앞으로 어떻게 살아가야 할지를 알려주는 훌륭한 안내자다. 폭넓은 지식을 얻고자 한다면 좋은 책을 골라 읽어라. 책 속에는 다양한 생각과 사상을 이해할 수 있는 길이 열려 있다. 모든 훌륭한 사상은 책 속에 담겨 있다고 해도 과언이 아니다.

역사를 통해 새로운 즐거움을 찾아라

누가 나의 결점을
말하기 전에

Before Anyone Talks About My Flaws

 출중한 재주를 가지고 태어난 사람은 그만큼 결점도 많다. 처음에는 겉으로 드러난 재능이 결점을 가리지만, 그것은 잡초와도 같아서 잠시만 한눈을 팔아도 금방 온 마음을 뒤덮어 버린다.

먼저 자신의 결점이 무엇인지 알아야 한다. 아무리 지혜로운 사람이라도 모르는 것까지 해결할 수는 없기 때문이다. 조용한 장소에서 명상하며 마음을 관찰하는 것도 좋지만, 더욱 쉽고 빠르게 결점을 찾으려면 자신을 비난하는 사람들의 말에 귀를 기울일 필요가 있다. 중상과 모략에 흔들리지 말고 그것에서 진짜 자신의 결점을 찾아라. 그리고 가장 크고 위험한 결점부터 개선하려고 노력하라. 가장 큰 결점을 극복하고 나면 나머지는 자연스럽게 없어질 것이다.

비난 속에서 결점을 찾고 개선하라

베푸는 일도
거래처럼

Charity Is A Transaction

좋은 일은 조금씩 자주 하라. 일방적으로 베푸는 것은 상대를 게으르고 가치 없는 사람으로 만들 수 있다. 베푸는 일도 마치 거래처럼 접근해야 한다. 줄 때 주더라도 받을 것을 결코 놓쳐서는 안 된다.

자선 행위는 높은 자리에 있는 사람이 할수록 더욱 가치가 있다. 다른 사람을 자신의 의도대로 움직이게 하려면 먼저 그들의 기대를 충족시키고 의존하게 만들어라. 이때 모든 요구를 만족시켜 주어서는 안 된다. 새끼 새가 자라 어미새의 품을 떠나는 것처럼 사람도 욕구가 충족되면 언제든지 자신의 자리를 떠나는 법이다.

상대가 의존할 정도로만 베풀어라

나서야 할 때와
물러서야 할 때

When To Advance And Withdraw

　　평소에 화를 내지 않는 사람이 있다. 그들은 좀처럼 감정을 드러내지 않으며 누구에게나 호인(好人)으로 평가받는다. 그러나 어떤 상황에서도 화를 내지 않는 사람을 참된 인간이라 말할 수는 없다. 그런 사람은 어리석은 사람에 가깝다. 자신의 감정을 조절하고 강하게 나가야 할 때와 그렇지 않을 때를 구분할 줄 아는 것은 지혜로운 사람이 갖춰야 할 중요한 덕목이다.

　　분별력 있는 사람은 엄격함과 다정함을 동시에 갖추고 있다. 사람이 지나치게 선량하면 오히려 어려움에 처하게 되고 언젠가는 큰 재난을 맞이하게 된다. 허수아비가 가만히 서서 아무런 행동도 하지 않으면 참새는 언제든 날아와 곡식을 쪼아 먹게 마련이다.

엄격함과 다정함을 겸비하라

능력 발휘도
순차적으로

Unfold Your Abilities Sequentially

　　지혜로운 사람은 자신의 능력을 한꺼번에 드러내지 않는다. 그러므로 쓸데없는 일에 분별력을 낭비하지 말고 사람들의 마음에 '기대'라는 씨앗을 뿌려 놓아라. 뛰어난 재능이 없어 보이는 사람이 예기치 않은 성과나 업적을 이루게 되면 사람들은 그에게 또 다른 성과를 기대하게 마련이다.

　지혜로운 사람은 이처럼 자신에게 쏠리는 기대감을 어떻게 유지해야 하는지 알고 있다. 그들은 자신의 능력을 시기에 맞게 조절하며, 재능과 지식을 조금씩 드러낸다. 성공하기 전까지는 자신의 진면목을 감추는 것이 바로 그들의 지혜이다.

> 자신의 능력을 한꺼번에 드러내지 마라

현명한
자기 연출법

Present Yourself Wisely

　자신을 꾸미는 데 소홀한 사람은 성공하지 못한다. 대부분의 사람들은 겉모습만으로 타인을 평가하기 때문이다.

그러므로 사람들에게 긍정적인 평판을 얻고 싶다면 자신을 어느 정도 포장할 줄 알아야 한다. 만약 당신이 하찮은 것을 감추고 약간의 장점을 내세울 수 있다면 당신은 만인의 찬사를 받게 될 것이다.

하지만 모든 능력을 한 번에 드러내는 것은 분별력이 부족한 행동이다. 일회성 칭찬에 만족하지 말고 꾸준히 대중의 관심을 끌어내야 한다. 그렇게 해야만 진정한 명성을 얻을 수 있다는 사실을 기억하라.

　　　　　긍정적 평판을 위해 자신을 잘 꾸며라

신비주의 전략

The Strategy Of Mystery

      낄 자리와 끼지 말아야 할 자리를 분별하라. 그렇게 하지 않으면 사람들에게 바보 취급을 당하게 된다. 여기저기 얼굴을 내밀고 함부로 나서는 사람은 자신의 가치를 스스로 떨어뜨리는 사람이다. 처음에는 좋은 평가를 받더라도 막상 실물을 보면 실망하는 경우가 많기 때문이다.

    인간의 상상력은 현실보다 훨씬 더 풍부하다. 소문은 상상을 더하고 상상은 입에서 입으로 전해지며 과장된다. 지혜로운 사람은 명성이라는 장막을 두르고 그 안에 은둔함으로써 신비감을 더한다. 인기의 정점에서 내려온 배우가 사람들의 머릿속에 오래도록 남는 이유도 바로 여기에 있다.

                    자신의 모습을 함부로 드러내지 마라

풍요로운 삶을
원한다면

If You Want A Meaningful Life

　　풍부한 지식, 날카로운 판단력, 품격 있는 취향. 이 세 가지는 지혜로운 사람이 되기 위해 반드시 갖춰야 할 덕목이다. 셋 가운데 어느 하나만 가지고는 결코 탁월한 사람이 될 수 없다.

　20대 때는 의지가, 30대 때는 지성이, 40대 때는 판단력이 삶을 지배한다. 지혜라는 이름의 촛불은 어둠 속에서 빛을 발하는 고양이의 눈처럼 혼탁한 세상을 밝혀준다. 한 치 앞도 보이지 않는 컴컴한 어둠 속에서도 지혜로운 사람은 흔들리지 않고 발걸음을 내딛는다.

　필요할 때마다 적절한 것을 생각해 내는 사람에게는 풍성한 지식이 있다. 지식이 뛰어난 아이디어를 끌어내는 원동력이 된다. 또한 잘잘못을 명확히 가리는 사람에게는 예리한 판단력이 있다. 이러한 능력을 갖춘다면 그

삶은 더없이 행복할 것이다. 여기에 품격 있는 취향까지 더해지면 그 인생은 얼마나 풍요롭고 향기롭겠는가.

지혜로운 사람이 되기 위한 세 가지 덕목

윗사람을
이기려 들지 마라

Don't Try To Beat Your Superiors

　　윗사람을 이기려 하지 마라. 이는 어리석고 위험한 행동이다. 우월감은 언제나 불쾌감을 일으키는 법인데 그것을 윗사람에게 드러낸다면 그 결과가 어떻겠는가.

　　운 좋게 당신의 우월함을 인정해주는 사람을 만날 수도 있지만 대부분은 그렇지 않다. 특히 가장 높은 자리에 있는 사람은 더욱 그렇다. 그들은 자신을 도와주는 존재는 받아들이지만 자신을 뛰어넘는 존재는 용납하지 않는다. 왕은 새로운 것을 가르쳐주는 사람 대신 잊고 있던 것을 조심스레 일깨워주는 조력자를 원할 뿐이다. 별은 태양처럼 찬란한 빛을 내지만 절대로 태양의 광채에 도전하지 않는다.

윗사람을 이기려 하지 마라

높은 자리에
있을 때

When You're In A High Position

　　욕망에서 벗어나라. 이는 마음이 도달할 수 있는 최고의 경지다. 욕망에서 자유로운 사람은 뛰어난 분별력 덕분에 쉽게 충동에 휩쓸리지 않는다. 자신의 마음과 충동을 지배하는 것이야말로 진정한 다스림이며, 이는 자유의지의 완성된 형태라 할 수 있다.

　만약 당신이 욕망에 휘둘리고 있다면, 그로 인해 지위가 흔들리는 일은 절대 없도록 하라. 특히 높은 자리에 있을수록 더욱 신중해져야 한다. 그것이 추문에서 벗어날 수 있는 유일한 방법이며 좋은 평판을 얻는 가장 빠른 길이다.

욕망에 휘둘리지 마라

환경을
다스리는 법

The Art Of Managing Environment

　　　　흐르는 물이 땅의 성질에 따라 탁해지고 맑아지는 것처럼, 사람도 태어난 환경에 깊은 영향을 받는다. 어떤 사람은 환경의 혜택을 크게 누리기도 하지만, 아무리 훌륭한 환경이라도 결점은 존재하게 마련이다.

　지혜로운 사람은 결점을 고치거나 최소한 그것이 노출되지 않도록 잘 다스린다. 결점이 드러나지 않으면 타인의 신뢰를 얻을 수 있고 존경 또한 따라오기 때문이다. 만약 지위나 직책, 나이나 가족에 관련된 결점을 드러낸 채 그대로 내버려 둔다면 당신은 결국 추악한 사람으로 낙인찍히게 될 것이다.

　　　　　자신이 속한 환경의 결점을 드러내지 마라

부와 명예

Wealth And Honor

　　부는 쉽게 사라지지만 명예는 오랫동안 지속된다. 부는 이생을 위한 것이고 명예는 내세를 위한 것이다. 부는 질투심에 맞서야 하지만 명예는 망각과 싸워야 한다. 부는 열망해야 얻을 수 있고 때로는 운이 따라야 하지만, 명예는 오직 자신의 힘으로 이루는 것이다.

　명예를 향한 갈망은 한 사람이 정점에 이르렀을 때 나타나며 예로부터 위대한 인물들의 곁을 그림자처럼 따라다녔다. 그러나 이러한 욕망은 언제나 한쪽으로 기울게 마련이다. 그 결과 누군가는 욕망에 사로잡혀 괴물이 되고 누군가는 찬란한 천재로 남게 된다.

　　　　　　명예를 추구하되 욕망에 잠식되지 말라

악한 의도는
해악을 키운다

Evil Intentions Foster Harm

아무리 똑똑한 사람이라도 마음속에 악한 의도를 품고 있다면 괴물이나 다를 바 없다. 악한 의도는 탁월함을 무너뜨리고, 지식은 그로 인한 해악을 더욱 교묘하게 만든다. 만약 우월함이 자신을 무너뜨리는 결과를 낳는다면 그것만큼 비극적인 일이 또 어디에 있겠는가? 분별 없는 지식은 결국 어리석음을 두 배로 키울 뿐이다.

지식을 앞세우지 말고 마음부터 바로 세워라

행운은
준비된 자의 것이다

Fortune Favors The Prepared

　　행운은 결코 우연히 찾아오지 않는다. 어떤 사람은 행운의 문 앞에 서서 문이 열리기를 기다리지만, 지혜로운 사람은 문을 열고 앞으로 나아간다. 그들은 미덕과 용맹의 날개를 달고 행운의 여신에게 날아가 마침내 그녀의 호의를 얻는다.

　　진정한 깨달음의 길 위에서 가장 중요한 잣대는 미덕과 통찰력이다. 지혜를 가까이하고 어리석음을 멀리하라. 그것이 행운을 얻는 최고의 원칙이다.

　　　　　행운을 얻으려면 미덕과 용기를 갖춰라

진정한 탁월함은
질에서 나온다

Excellence Is Built On Quality

　　　　양보다는 질을 추구하라. 탁월함은 희소하고 귀한 것에서 나온다. 수가 많아지면 가치는 희미해지고 평범함 속에 파묻히게 된다. 거인처럼 보이는 사람도 실제로는 난쟁이에 불과한 사람들이 많다. 어떤 이는 책의 가치를 두께로 판단하기도 하지만, 양만으로는 결코 비범함에 이를 수 없다.

　　모든 분야에서 최고가 되려는 사람은 결국 어느 한 곳에서도 깊이 뿌리내리지 못하는 불행을 겪게 된다. 오직 질로써 승부하라. 그래야 진정한 탁월함에 다가설 수 있으며 고귀한 경지에 오를 수 있다.

양보다 질을 추구하라

진실을 향한
신념

Conviction For Truth

　　언제나 진실을 향해 나아가라. 요동치는 민심과 가혹한 폭정 앞에서도 끝까지 바른 선택을 하라. 많은 사람이 정직한 이들을 칭찬하지만 실제로 그렇게 사는 사람은 거의 없다.

　　어떤 이들은 정직함을 추구하다가도 위험이 닥치면 곧바로 등을 돌린다. 불의한 이들은 정직 자체를 부정하고, 계산적인 이들은 그것을 감춘다. 그들은 상사나 국가에 잘 보이기 위해 말과 행동에 그럴듯한 핑계를 댄다.

　　반면 강직한 사람은 자신의 이익과 충돌하는 한이 있더라도 꿋꿋이 자신의 신념을 지킨다. 만약 그들이 자신의 무리를 떠났다면 그것은 변덕 때문이 아니라 다른 이들이 먼저 진실을 저버렸기 때문이다.

강직한 사람이 되어라

호평과 악평

Compliments And Criticism

    평판이 나쁜 일에 휘말리지 마라. 특히 호평보다 악평을 받을 만한 일이라면 피하는 것이 좋다. 세상에는 별난 무리가 많으며, 신중한 사람은 그런 사람들과 거리를 둔다. 그들은 괴짜 같은 행동으로 사람들의 관심을 끌지만 결국 좋은 평판을 얻지 못하고 조롱의 대상이 된다.

    현명한 사람은 자신의 생각을 쉽게 드러내지 않으며, 자신을 따르는 사람을 웃음거리로 만들 만한 일은 더욱 조심한다. 사실 평판에 해가 되는 일들에 대해서는 굳이 설명할 필요도 없다. 이미 많은 이들이 그것을 충분히 경멸하고 있기 때문이다.

평판이 나쁜 일에 휘말리지 마라

순간을 사는
지혜

Live The Moment

　　세상의 모든 것은 시간이 갈수록 성숙해지며, 정점을 찍고 나면 서서히 쇠퇴하게 된다. 그러므로 어떤 것이 가장 빛나는 때인지 알고 즐길 줄 아는 것은 훌륭한 취향을 지닌 사람만이 누릴 수 있는 특권이다.

　하지만 모든 사람이 그렇게 할 수는 없으며, 할 수 있다고 해도 방법까지 아는 것은 아니다. 지성의 열매 또한 무르익는 시점이 있다. 그 순간을 잘 알아보고 올바르게 활용하라. 그렇게 하는 사람이 진정으로 현명한 사람이다.

　　　　무르익은 순간을 알아차리고 그것을 즐겨라

리더의
자질

Qualities Of A Leader

　　진정한 권력은 교묘한 술책이 아니라, 타고난 품성과 자질에서 비롯된다. 사람들이 자신도 모르게 어떤 인물에게 복종하게 되는 이유는 그의 권위에서 우러나는 용맹함 때문이다.

　　위엄 있는 자는 타고난 기질과 자질로 왕이 되며, 사자와 같은 존재가 된다. 그들은 자연스럽게 존경심을 불러일으키고, 사람들의 마음과 정신을 사로잡는다. 여기에 다른 능력들까지 더해진다면 나라 전체를 움직이는 일도 충분히 가능하다. 이런 사람은 긴 연설 대신 몸짓 하나만으로도 더 큰 성과를 이끌어낼 수 있다.

　　　　　　　진정한 힘은 지도자의 자질에서 비롯된다

자신을
존중하라

Respect Yourself

　자존심은 지키되 과도한 자의식은 경계하라. 정직의 기준은 외부가 아니라 자신 안에 있는 올바른 마음이어야 한다.

　법보다 더 엄격하게 자신을 판단하라. 외부의 권위를 두려워하지 말고 자신을 존중하는 차원에서 부적절한 것을 멀리하라. 그렇게 살면 스스로를 감시해야 한다는 세네카의 가르침도 더 이상 필요하지 않게 될 것이다.

　　　　　자신의 마음을 정직의 기준으로 삼아라

올바른 선택

Right Choice

　　선택 능력은 인생의 성공 여부를 결정짓는 중요한 요소다. 잘못된 선택을 내리지 않으려면 뛰어난 안목과 정확한 판단력이 있어야 한다. 높은 학식과 성실한 태도, 고상한 취향은 바르게 살아가는 데는 도움이 되지만 성공하는 데는 충분하지 않다. 기회가 왔을 때나 위기가 닥쳤을 때 제대로 선택하지 못하면 성공 대열에서 낙오할 뿐 아니라 금세 모두에게 잊히게 된다.

　　진취적인 태도와 열정, 창조적인 두뇌와 성실성을 갖춘 사람이 성공의 문턱에서 주저앉아 좌절하는 모습을 종종 볼 수 있다. 운이 없었던 탓도 있겠지만, 무엇보다 제대로 된 선택을 하지 못해 실패했음을 명심하라.

세상을 보는 안목을 키워라

인내하는 사람이 승리한다

The Patient Wins

　　기다릴 줄 아는 사람이 되어라. 인내심은 고귀한 자의 덕목이다. 조급하게 행동하거나 감정에 휘둘리지 마라. 다른 사람을 다스리기 위해서는 먼저 자기 자신을 다스려야 한다.

　기회를 잡으려면 시간이 필요하다. 지혜로운 사람은 자제력을 발휘해 목표를 명확히 하고, 그것을 이루기 위한 방법을 더욱 정교하게 다듬는다. 기다림의 힘은 헤라클레스의 철퇴보다 강력하다. 신도 매가 아닌 시간을 통해 우리를 단련시키지 않는가. "시간이 내 편이라면 두 사람쯤은 거뜬히 상대할 수 있다"라는 말은 그런 의미에서 참으로 훌륭한 격언이라고 할 수 있다.

　행운의 여신은 인내하는 사람에게 가장 큰 보상을 안겨준다.

행운은 인내하는 자의 것이다

안목

Discernment

끊임없이 수련하며 통찰력을 길러라. 한 사람의 고결한 정신은 그의 눈높이가 얼마나 숭고한지를 보면 알 수 있다. 큰 그릇이 많은 음식을 담듯이, 고결한 영혼은 위대한 것을 품는다. 그런 존재 앞에서는 가장 용맹한 이도 뒷걸음질치고 완전해 보이는 이도 자신감을 잃는다. 진정한 가치는 언제나 드물고 소중한 법이다. 당신의 통찰 역시 그러해야 한다. 보는 눈은 타인을 통해서도 기를 수 있다. 그러므로 뛰어난 식견을 지닌 이와 교류할 수 있다면 그것은 큰 축복이다. 하지만 일부러 매사에 불만을 품은 듯한 태도를 취하지는 마라. 그런 자세는 어리석음의 극치다. 그것은 실현 불가능한 이상에 집착하는 것보다도 훨씬 더 혐오스럽다. 어리석은 사람은 현실에 만족하지 못하고 신이 새로운 세상을 창조해주기를 바란다.

> 최고의 안목을 지닌 사람과 함께하라

지식은
나눔으로써 커진다

Knowledge Grows When Shared

      기억이 아닌 지성의 도움을 받으라. 기억은 단순한 회상일 뿐이지만 지성은 깊이 있는 사고에 기반을 둔다. 많은 사람들은 그 순간 무엇이 적절한 행동인지 몰라 제대로 행동하지 못한다. 누군가가 이런 상황에 처해 있다면 손을 내밀어라. 적재적소에 도움을 줄 수 있는 사람이야말로 진정한 재능을 지닌 사람이다.

  많은 사람들이 도움의 부족으로 실패를 겪는다. 그럴 때 당신이 가진 지성의 빛을 아낌없이 나누어라. 만약 당신에게 충분한 지식이 없다면 그 지식을 가지고 있는 사람에게 도움을 구하라. 단, 지식을 나눌 때는 신중하게, 구할 때는 공손하게 임해야 한다.

  상대방이 관심을 보일 때는 자세한 설명 대신 힌트만 주는 것도 좋다. 처음에는 조금만 보여주고 부족하면 더 설명해 주어라. 상대가 부정적인 생각에 머물러 있다면 그 마음이 조금씩 열릴 수 있도록 긍정적인 방향으로 유도하라. 우리가 많은 것을 얻지 못하는 이유는 시도조차 하지 않는 데 있다.

당신의 지식을 아낌없이 나누어라

가까이하기
어려운 당신

The Unapproachable

　　다가가기 어려운 사람이 되지 마라. 그런 사람에게 호의를 베풀기란 쉬운 일이 아니다. 사회성이 부족한 사람은 야수와 같아서 건방지고 무례하게 행동한다. 그런 사람을 상대할 때는 인내심과 두려움을 가지고 맞서 싸울 준비를 해야 한다.

　　그들은 원하는 자리에 올라서기 위해 억지로 타인의 비위를 맞추지만 목적을 이루고 나면 본색을 드러내며 주변 사람들을 괴롭힌다. 본래 높은 지위에 있는 사람은 모두에게 다가갈 수 있어야 하지만 자만심과 앙심으로 인해 누구에게도 가까이 가지 못한다. 그들은 다른 사람과 관계 맺기를 거부함으로써 스스로를 고립시켜 결국 자신을 개선할 기회마저 놓치게 된다.

가까이하기 어려운 사람이 되지 마라

무리하지
않는 삶

Life Without Overexertion

　좋은 것이든 나쁜 것이든 극단으로 치닫지 마라. 어느 현인은 미덕조차 절제하고 중용의 길을 택했다. 과일즙을 짜고 나면 씁쓸함만 남듯, 옳은 것도 극단에 이르면 그릇된 결과를 낳는다. 지나친 쾌락은 독이 되고 과한 생각은 판단을 흐리게 한다. 젖소에게 무리하게 우유를 짜내다 보면 결국 피가 나올 뿐이다.

중용의 길을 선택하라

다재다능한
사람

A Man Of Many Talents

재능이 뛰어난 사람은 여러 사람을 대신할 수 있다. 그들은 자신의 기쁨을 주변 사람들과 나누며 삶을 더욱 풍요롭게 만든다. 다재다능함은 인생의 참된 기쁨이며, 선을 통해 이익을 얻는 것은 위대한 지혜의 기술이다.

인간은 자연의 완전한 축소판으로 만들어졌다. 그러므로 우리는 자신의 안목과 지성을 꾸준히 갈고닦아 조화로운 하나의 세계, 즉 진정한 '소우주'를 창조해야 한다.

다재다능한 사람이 되어라

철학의 쓸모

The Usefulness Of Philosophy

환상에 빠지지 않는 사람, 지혜롭고 의로운 사람, 철학적 품격을 지닌 사람이 되어라. 겉모습만 그럴듯하게 꾸미지 말고 진심으로 그런 사람이 되도록 노력하라.

오늘날 철학은 신뢰를 잃어 가고 있지만, 세네카가 로마에 철학을 들여왔을 때만 해도 그것은 귀족들 사이에서 큰 사랑을 받았다. 예로부터 상대의 속임수를 꿰뚫어 보는 능력은 사유하는 인간의 양식이자 덕 있는 영혼의 기쁨이었다. 지혜로운 사람이 되고 싶다면 철학을 삶의 중심으로 삼아라.

철학을 삶의 중심으로 삼아라

왕처럼 생각하고 행동하라

Think And Act Like A King

왕과 같은 위엄을 지녀라. 모든 사람은 왕처럼 숭고하게 행동하고 고결하게 생각해야 한다. 진정한 권력은 흠잡을 데 없는 정직함에서 나오며, 참된 왕은 위대한 이를 시기하지 않는다.

당신이 권력 가까이에 있다면 탁월함을 목표로 삼고 그것을 진정한 자질로 길러내라. 위엄 있는 척 흉내 내기보다는 진짜 위엄을 갖추는 것이 중요하다. 결점은 따르지 말고 고귀함만 본받아라.

왕과 같은 위엄을 갖춰라

현명하게
일하는 법

Work Wisely

　　　　모든 직업은 저마다 다른 자질을 필요로 한다. 이를 제대로 파악하려면 집중력과 분별력이 있어야 한다. 어떤 일에는 용기가, 어떤 일에는 재치가 요구된다. 정직하기만 하면 되는 일이 가장 쉽고, 영리해야 하는 일이 가장 어렵다. 정직함은 타고나면 그만이지만, 영리함은 아무리 많은 열정을 쏟아부어도 부족할 수 있기 때문이다.

　사람을 관리하는 일도 쉽지 않다. 특히 어리석고 이해력이 부족한 사람에게는 두 배의 노력이 필요하다. 정해진 시간표나 규칙에 얽매이는 일도 큰 부담이다. 자신의 방식대로 일할 수 있는 사람은 여유로움과 행복을 누릴 수 있다. 가장 이상적인 일은 타인에게 의존하지 않거나 최소한으로 의존하는 일이며, 최악의 일은 끊임없는 걱정과 스트레스를 안겨주는 일이다.

　　　　필요한 자질을 파악하고 자신에게 맞는 일을 찾아라

성장의 비결

The Secret To Growth

위대함에 이르는 가장 빠른 길은 다른 사람들과 어울리는 것이다. 좋은 사람들과 함께하면 예절과 안목은 물론 감각과 재능도 자연스럽게 자라난다.

성급한 사람이 느긋한 사람을 친구로 삼아야 하듯, 우리는 서로 다른 기질을 가진 사람들끼리 어울려야 한다. 그렇게 하면 애쓰지 않아도 자연스럽게 중용의 지혜를 얻을 수 있다.

서로 상반되는 것들이 존재하기에 세상은 더욱 아름답고 조화롭다. 눈에 보이는 세계에서 조화가 가능하다면 마음과 도덕의 세계에서는 더 쉽게 조화를 이룰 수 있다. 친구나 동료를 선택할 때 이 원칙을 따르라. 극단적인 성향끼리 만날수록 중도의 길은 더욱 잘 보이게 마련이다.

서로 다른 사람들과 어울리며 성장하다

말의 무게를
아는 지혜

Weight Of Words

　　자신에 대해 함부로 말하지 마라. 스스로를 칭찬하면 허영으로 비치기 쉽고 자책하면 나약하게 들린다. 말하는 이에게도 좋지 않고 듣는 이에게도 불편함을 준다.

　일상적인 대화에서도 자신에 대한 이야기를 삼가는 것이 바람직하며, 공식적인 자리에서는 더욱 신중해야 한다. 특히 대중 앞에서는 지혜롭게 말하지 않으면 진정 어리석은 사람처럼 보일 수 있다.

　타인이 있는 자리에서 그 사람에 대해 말하는 것 역시 조심해야 한다. 자칫 아첨이나 비난이라는 극단으로 흘러갈 수 있기 때문이다. 말이란 언제나 신중해야 하며, 그 무게를 아는 사람이 진정 지혜로운 법이다.

　　　　　　　　자신에 대해 말할 때는 신중해져라

유능한 인재가
되려면

How To Become A Competent Person

　　대체 불가능한 사람이 되어라. 지혜로운 이는 꼭 필요한 존재가 되는 것을 최고의 행복이라 여긴다. 보통은 일을 마친 사람을 떠나보내지만 반드시 필요한 사람이라면 붙잡게 마련이다.

　필요한 사람이 되는 비결은 대체 불가능한 능력을 갖추는 것이다. 여기에 다정하고 품위 있는 태도까지 더한다면 금상첨화다. 당신은 자리 때문에 빛나는 사람이 아니라 자리를 빛내는 사람이 될 수 있을 것이다.

　하지만 후임자가 형편없어서 당신이 돋보이는 경우라면 너무 자랑스럽게 생각하지 마라. 그것은 당신이 뛰어나다는 뜻이 아니라 후임자의 능력이 부족하다는 뜻이다.

　　　　　　　　대체 불가능한 사람이 되어라

감정보다는
이성으로

Reason Rather Than Emotion

　　　　괜한 고집으로 잘못된 길을 선택하지 마라. 상대가 먼저 옳은 쪽을 택했다고 해서 일부러 반대로 행동하는 건 패배를 자초하는 일이다. 그렇게 하면 당신은 결국 수치스럽게 물러날 수밖에 없다. 나쁜 무기로는 상대를 이길 수 없다. 좋은 패를 먼저 차지한 사람은 영리한 사람이며, 뒤늦게 그보다 못한 패를 선택한 사람은 어리석은 사람이다.

　이러한 고집은 말보다 행동에서 더 위험하다. 말은 내뱉으면 그뿐이지만 행동은 실제 위험을 동반하기 때문이다. 고집스러운 사람들은 괜히 딴지를 걸다 진실을 놓치게 되고 스스로 소모되고 만다.

　지혜로운 사람은 감정에 휘둘리지 않으며 언제나 옳은 길을 선택한다. 반면 어리석은 사람은 나쁜 길로 나아간다.

그들이 좋은 길을 선택했다면 당신이 먼저 그 길을 선점하라. 어리석은 상대는 좋은 길을 포기할 것이고, 그들은 자신의 고집으로 인해 대가를 치르게 될 것이다.

고집을 부리지 말고 옳은 길을 선점하라

모순이라는
우회로

The Detour Called Contradiction

　　진부해지지 않기 위해 억지로 모순적인 사람이 되지 마라. 이성에서 벗어난 모든 시도는 어리석은 행동이다.

　　모순적인 사람은 일종의 사기꾼이다. 처음에는 새롭고 자극적이어서 호평을 받을 수 있지만, 시간이 지나 실속 없음이 드러나면 결국 신뢰를 잃게 된다. 그들의 행동은 속임수에 불과하며, 정치적인 문제에 연루되면 한 나라를 위태롭게 만들 수도 있다.

　　위대한 일을 해낼 능력이 없거나 올바른 길로 걸어갈 용기가 없는 사람은 종종 모순이라는 우회로를 택한다. 하지만 그런 선택은 거짓이나 불확실성을 바탕으로 하기에 모든 일에 더 큰 위험을 불러온다. 어리석은 사람은 그들을 칭찬하지만, 결국 그 모습은 지혜로운 사람만 더욱 빛나게 할 뿐이다.

모순적인 사람이 되지 마라

관계는
신중하게

Be Careful With Relationships

　　상대방을 가볍게 믿지 마라. 성숙함은 믿음을 천천히 주는 데서 나온다. 거짓이 흔한 세상에서는 믿음이 오히려 드문 것이어야 한다. 남의 말에 쉽게 흔들리는 사람은 그만큼 쉽게 무시당한다.

　하지만 다른 사람의 선의를 대놓고 의심해서는 안 된다. 그런 행동은 상대방에게 불쾌감과 모욕감을 줄 수 있다. 타인을 불신하는 태도는 거짓말쟁이의 특징이다. 그들은 남을 믿지도, 남에게 믿음을 받지도 못해 고통을 겪는다. 듣는 사람은 신중하게 판단해야 하며, 말하는 사람은 자신의 정보에 대한 출처를 밝혀야 한다.

　누군가와 쉽게 가까워지는 것 또한 경솔한 행동이다. 거짓은 말뿐 아니라 행동으로도 나타나기 때문이다. 이러한 속임수는 삶에서 더 큰 위험을 초래할 수 있다.

다른 사람을 쉽게 좋아하지 마라

관찰력과 통찰력을
키워라

Develop Observation And Insight

●

　　사람을 잘못 판단하지 마라. 그것은 가장 나쁘면서도 쉽게 저지르는 실수다. 물건을 살 때 가격보다 품질에 속는 것이 더 큰 손해이듯, 누군가를 대할 때는 그의 내면을 잘 들여다보아야 한다.

　사람을 아는 것은 사물을 아는 것과는 다르다. 감정의 깊이를 헤아리고 성격을 파악하려면 깊은 철학적 통찰이 필요하다. 사람은 책만큼이나 깊이 있게 탐구되어야 하는 대상이다.

사람의 내면을 제대로 파악하라

자제력을
강화하라

Strengthen Your Self-Control

    어리석은 사람의 행동을 본받지 마라. 허영, 자만, 이기심, 불신, 변덕, 고집, 공상, 과장된 행동, 지나친 호기심, 모순, 편협한 태도는 모두 타인을 불쾌하게 만드는 무례한 행동이다.

    정신의 왜곡은 육체적 결함보다 더 큰 거부감을 줄 수 있다. 그것은 더 깊은 차원의 아름다움을 손상시키기 때문이다. 하지만 흐트러진 마음을 자신 외에 그 누가 바로잡을 수 있겠는가?

    자제력이 부족한 사람은 남의 조언을 받아들일 여유가 없다. 그런 사람은 남들의 비판에 귀를 기울이지 않으며, 상상 속 칭찬으로 자신의 눈을 멀게 한다.

어리석은 사람의 행동을 본받지 마라

마음의 소리

Voice Of The Heart

　　자신의 마음을 믿으라. 확신이 있다면 더더욱 그래야 한다. 마음의 소리는 마치 신탁(神託)과 같아서 가장 중요한 일들을 미리 예고해 준다. 많은 사람들이 자신을 믿지 못해 목숨을 잃었다. 하지만 더 나은 해결책이 없다면 결국 자신을 믿는 것이 맞지 않겠는가?

　자연은 우리에게 불행을 경고하고 막을 수 있는 마음을 선사했다. 맞서 싸울 생각이 아니라면 굳이 불운에 가까이 다가가지 마라. 그것이야말로 어리석은 행동이다.

마음의 경고를 무시하지 마라

진정한 권위

Genuine Authority

　　지나치게 격식을 차리지 마라. 왕들도 그런 행동을 하면 기이해 보인다. 어리석은 사람은 자신이 만들어낸 존엄을 숭배하지만, 사소한 일로 그것이 파괴될까 두려워한다. 이는 격식을 차리는 일이 얼마나 부질없는 짓인지를 스스로 드러내는 꼴이라고 할 수 있다.

　존경을 받으려는 것은 좋지만, 맹목적으로 격식에 집착해서는 안 된다. 먼저 스스로 훌륭한 자질을 갖추어야 한다. 사소한 일에 집착하는 사람은 결코 위대한 사람이 될 수 없다.

> 사소한 격식에 집착하지 마라

진정한
평화의 열매

The Fruit Of True Peace

　　마음이 평화로운 사람은 오래 산다. 살기 위해서는 삶을 흘려 보낼 줄도 알아야 한다. 평화를 이루는 사람은 그저 살아갈 뿐 아니라 자신의 삶을 다스린다. 듣고, 보고, 침묵하라.

　다툼 없는 하루는 깊은 잠을 부른다. 길고 행복한 삶은 평화의 열매이며 두 번 사는 것과 같다. 중요하지 않은 것을 대수롭지 않게 여길 줄 아는 사람은 모든 것을 가진 사람이다.

　모든 일에 마음을 쓰는 것만큼 어리석은 일은 없다. 사소한 일로 마음을 괴롭히는 것과 진짜 중요한 일에 마음을 쓰지 않는 것은 똑같이 어리석다.

　　　자신의 삶을 다스리는 사람은 평화를 얻는다

꿈을
이루기 위해서는

To Make Your Dreams Come True

      때로는 태어난 곳을 떠나보라. 당신의 가치를 알아주는 사람은 다른 곳에 있을 수 있다. 고향은 종종 뛰어난 이를 시기하며, 한 사람의 업적보다 보잘것없는 과거를 더 오래 기억한다. 이국적인 것이 주목받는 이유는 단지 멀리서 왔기 때문만이 아니라 이미 완성된 형태로 나타나기 때문이다. 멀리서 온 유리 조각이 다이아몬드보다 더 높은 평가를 받는 것도 그 때문이다.

   우리는 한때 마을 사람들에게 조롱받던 이가 세계적인 찬사를 받는 모습을 종종 본다. 그는 외국에서는 '멀리서 온 인물'로 고향에서는 '멀리서 바라보게 된 인물'로 존경을 받는다. 제단 위에 세워진 조각상이 정원에서 자란 나무로 만들어졌다는 사실을 아는 이는 그 조각상을 쉽게 경외하지 못한다.

> 당신의 가치를 알아봐주는 곳으로 떠나라

행복 속의 불행

Misfortune Within Happiness

　　모든 것을 채우려 하지 마라. 그러면 오히려 지나친 행복 때문에 불행해질 수 있다. 몸은 숨을 쉬어야 하고 영혼은 갈망해야 한다. 모든 것이 충족되고 나면 실망과 불만만 남게 된다. 지식을 넓히는 과정에서도 모르는 것이 있어야 호기심과 희망이 생기지 않는가.

　　지혜로운 사람은 도움을 줄 때 상대방을 완전히 만족시키지 않는다. 더 이상 바랄 것이 없으면 두려움만 남기 때문이다. 행복도 지나치면 독이 되며, 욕망이 죽은 자리에는 두려움이 생겨난다. 그것이 바로 행복 속에 숨겨진 불행이다.

지나친 행복은 독이 된다

천국과 지옥은
공존하는 것

Heaven And Hell Coexist

　　　　천국은 축복으로 가득하고 지옥은 고통으로 가득하다. 이 세상은 축복과 고통이 공존하는 곳이며 우리는 이곳에서 두 극단을 모두 겪으며 살아간다. 운명의 형태는 다양하다. 행운으로만 가득한 삶은 없으며, 불운으로만 가득한 삶도 없다. 세상은 그 자체로 무(無)에 가깝지만 마음속에 천국을 품을 때 비로소 큰 의미를 갖게 된다.

　좋은 일이든 나쁜 일이든 일희일비하지 마라. 지혜로운 사람은 모든 일에 무심한 태도로 일관한다. 인생은 희극 작품과 같아서 시간이 갈수록 복잡해지지만, 그 복잡함도 언젠가는 풀리게 마련이다. 인생이라는 연극이 막을 내릴 때 좋은 결말을 맞을 수 있도록 하루하루를 살아가라.

　　　　　　인생의 복잡함에 일희일비하지 마라

균형 감각을
갖춰라

Have A Sense Of Balance

　비둘기처럼 순진한 사람이 되지 마라. 인간은 뱀의 영리함과 비둘기의 순수함을 조화롭게 활용해야 한다. 정직한 사람이 속는 이유는 어리석기 때문이 아니라 순수하기 때문이다. 그들은 다른 사람을 속여본 적이 없어서 쉽게 믿고 쉽게 속는다.

　속임수에 넘어가지 않는 사람은 두 종류가 있다. 하나는 직접 그 상황을 겪은 사람이고, 다른 하나는 다른 사람들의 경험을 보고 배운 사람이다. 신중한 사람은 덫을 놓을 때처럼 모든 일을 예의주시하며 언제나 의심을 거두지 않는다. 다른 사람에게 해를 입을 정도로 선해서는 안 된다. 비둘기와 뱀의 특성을 결합하되, 괴물처럼 변하지 않도록 하라. 두 가지 모습을 적절히 합치면 비범한 존재로 거듭날 수 있다.

비둘기의 순수함과 뱀의 영리함을 겸비하라

침묵의 지혜

Wisdom Of Silence

상대가 요구하지 않는 한 먼저 해명하지 마라. 필요 이상의 해명은 스스로를 고발하는 일이다. 아무 잘못도 없으면서 불필요한 반응을 보이면 오히려 악의를 의심받게 된다.

지혜로운 사람은 누군가 자신을 의심하더라도 모르는 척 행동한다. 괜히 반응했다가는 문제를 키울 수 있기 때문이다. 그런 경우에는 차라리 자신의 행동을 바르게 하여 신뢰를 얻는 편이 훨씬 낫다.

>   불필요한 해명은 자제하라

자신의 가치를
높이는 법

How To Increase Your Value

남들과 다를 바 없다는 인상을 주지 마라. 그것만큼 사람의 가치를 떨어뜨리는 일도 없다. 지나치게 인간적인 모습을 보이면 사람들은 더는 당신을 특별하게 여기지 않는다.

진중한 사람은 존경을 받고 경박한 사람은 무시당한다. 가벼운 행동은 명예를 잃는 가장 빠른 길이다. 사람은 나이가 들수록 신중해져야 하지만 경박한 사람은 나이를 먹어도 무게감이 없다. 그러한 모습이 흔하다 해서 당연한 일로 받아들여서는 안 된다. 가벼운 사람은 결국 어디서든 가벼운 취급을 받게 마련이다.

> 가벼운 사람으로 보이지 마라

적은
내부에 존재한다

The Enemy Exists Within

　　세상은 혼란에 빠져 있다. 신뢰할 만한 거래는 줄어들고 마음을 나눌 수 있는 친구는 만나기 어렵다. 진실은 외면당하고 선한 행동은 보상받지 못하며 형편없는 일에는 과도한 보상이 주어진다. 국가들 간의 관계에서도 마찬가지다. 다른 나라를 직접 위협하는 나라가 있는가 하면 태도를 자주 바꿔 신뢰를 떨어뜨리는 나라도 있다. 이러한 세상에서는 타인을 경계할 필요가 있다.

　　진정한 위험은 외부가 아닌 내부에 있다. 어리석은 사람은 감당할 수 있는 것조차 제대로 받아들이지 못하고, 무능에 지나치게 관대하며, 올바르지 못한 이들과 어울린다. 원칙 있는 사람은 타인을 명확하게 간파하고 스스로 어떤 사람인지 잊지 않는다.

　　　　　혼란스러운 세상에서 자신의 내면을 지켜라

잘못된 선택

Bad Decision

실패를 향해 일부러 걸어가는 듯한 사람들이 있다. 그들은 그 길이 잘못되었음을 알면서도 한 번 들어섰으니 끝까지 가야 한다는 착각 속에 하루하루를 살아간다. 속으로는 자신의 실수를 인정하면서도 겉으로는 자신의 행동을 정당화하려 애쓴다. 그렇게 서서히 삶의 생기를 잃어가며 결국 다른 사람들에게 안타까운 사람이라는 평가를 받게 된다.

충동적인 약속이나 미숙한 대처는 누구도 오래 곁에 머물게 할 수 없다. 어떤 이들은 그릇된 길을 고집하며 그것이 자신의 진정성과 인격을 증명한다고 믿지만 결국 그것은 어리석은 행동에 불과하다.

끝까지 가야 한다는 착각을 버려라

성숙

Maturity

성숙은 외모에서도 드러나지만 태도에서 더욱 분명하게 드러난다. 귀금속의 가치가 무게에 따라 매겨지듯, 인간의 가치는 도덕적 무게로 결정된다. 성숙은 사람의 역량을 최대한으로 끌어내며 타인의 존경을 불러일으킨다.

성숙한 사람은 침착한 태도로 자신의 내면을 보여주며 차분하고 무게감 있게 말한다. 성숙은 사람을 완성시키고 온전한 존재로 만든다. 어린아이 같은 태도를 버리는 순간, 당신은 비로소 성장하고 권위를 지닌 어른이 된다.

성숙한 사람이 되어라

The Art of Worldly Wisdom

현자,
발타자르 그라시안의
삶에 대하여

— 옮긴이

   발타자르 그라시안은 부패와 빈곤, 그리고 위선이 판을 치던 펠리페 3세 재위 시절, 스페인 아라곤 지방 벨몬트에서 태어났다. 그는 17세기 대표적인 작가이자 철학자이며 설교가다.

   그라시안은 독실한 크리스천이자 의사인 부친에게 영향을 받아 어린 시절부터 철학과 신학에 관심이 많았다. 1619년 18세 때 예수회에 입회하여 수도자가 된 그는 기도와 명상에 열중하며, 세네카와 아리스토텔레스 및 고전 철학자들의 저서들을 읽고 《성경》을 공부하는 등 훗날 저술가로서 자신의 명성을 높여줄 지적 자산을 하나씩 쌓아갔다.

   1627년 사제로 서품된 그라시안은 여러 대학에서 영적 지도신부, 교수, 설교가로 활발하게 활동했다. 사제직 초기에 겪었던 여러 가지 제약과 어려움에도 불구하고 재능 있고 명망 높은 인본주의자인 빈첸시오 후안 데 라스타노사와의 교유를 통해 학사, 정지가, 사업기 등 저명인사들과 만나 실용적이고 개방적인 인간 중심 사상을 탐구하게 된다.

이러한 만남의 결과로 풍부한 경험을 쌓은 그라시안은 탁월한 예지력과 깊이 있는 설교로 스페인 전역에 명성을 떨쳤고, 나아가 스페인 국왕 펠리페 4세의 궁정 고문으로 활약하기에 이르렀다. 그의 첫 번째 작품 《영웅 El Heroe》(전3권)은 1637년에 출간되었는데, 펠리페 4세는 '위대함이 가득한 주옥 같은 책'이라고 칭송하면서 서가의 제일 좋은 자리에 꽂아두도록 하라고 하명할 정도로 높은 평가를 받았다.

1646년 프랑스와의 전쟁 당시 종군신부로 활약한 그는 병사들로부터 '승리의 대부'라는 영예로운 칭호로 불리기도 했다. 그로부터 2년 후인 1648년, 그라시안은 포르투갈 귀족이며 퇴역군인이었던 돈 파블로 파라다로부터 정신적인 격려와 자금을 지원받아 이 책《지혜의 기술 El Oráculo manual y arte de prudencia》을 출판하였다. 이 책은 출간 즉시 재판을 찍을 만큼 독자들로부터 호평을 받았지만 평소 그를 못마땅하게 여기던 교단 지도부에 의해 금서로 지정되었고, 다시는 저술 활동을 하지 말라는 경고까지 그에게 내려졌다.

그라시안은 거듭되는 경고에도 불구하고 자신의 신념을 굽히지 않았다. 1651년《비판가 El Critian》를 익명으로 출판한 그는 지도부의 경고를 다시 어겼다는 이유로 더 이상 저술 활동을 하지 못하는 쓸쓸한 만년을 보냈다. 그러나 한동안 절판되었던 그라시안의 작품들은 그가 죽은 후 새롭게 조명받기 시작했고, 결국 로마의 대철학자 세네카에 비견될 정도로 큰 명성을 얻었다.

이후 수 세 기 동안《지혜의 기술》은 많은 지식인의 인생 지침서로서 폭넓은 사랑을 받았다. 특히 독일의 위대한 철학자 니체는 "전 유럽을 통틀어 이 책보다 더 분명한 인생 지침서는 일찍이 없었다"라고 극찬하며 그라시안의 가르침에 따를 것을 권했다. 다른 사람의 작품을 평가할 때

까다롭기로 이름난 쇼펜하우어도 "소중한 친구처럼 당신 인생의 동반자가 되어주는 책"이라고 칭송했을 뿐 아니라 독일어 번역본을 출간하고 그라시안을 자국에 소개하는 일에 정열을 쏟기도 했다.

수십 개국 언어로 번역된 이 책은, 성공하는 사람들의 덕목인 용기와 겸손, 신중함, 분별력에 대한 아름다운 경구들과 교제술, 화술 등 처세술을 알려주는 243가지 이야기를 담고 있다. 남들과 차별되는 경쟁력을 갖춰야 하는 현대인들에게, 17세기의 사제이자 저술가인 현자 그라시안의 잠언이 세상을 냉철하게 직시하도록 도와주고 인생을 지혜롭게 살아가는 데 도움이 되기를 바란다.

끝으로 이 책은 독일의 Kroner 출판사의 Hand-Orakel und Kunst der Weltklugheit(1992)를 주요 원전으로 삼아 번역하였으며, 미국 Currency & Doubleday 출판사의 The Art of Worldly Wisdom(1992)을 참고했음을 밝혀 둔다.

지혜의 기술 필사노트

지혜의 기술 1

년 월 일

'인정받고 싶은가' 중에서

완벽하게 태어나는 사람은 없다. 호수 위를 우아하게 노니는 백조도 물속에서는 끊임없이 발을 움직인다. 겉으로 보이는 여유와 아름다움 뒤에는 보이지 않는 노력과 꾸준한 움직임이 있다.

자기 발전을 위해 늘 깨어 있어야 한다. 성공은 하루아침에 이루어지지 않는다. 날마다 자신을 갈고닦아야 비로소 그에 걸맞은 열매를 얻을 수 있다.

지혜의 기술 1

년　월　일

지혜의 기술 2

'조급해하는 그대에게' 중에서

세상이 뜻대로 되지 않는다고 한탄하지 마라. 세상은 누구에게나 공평하며 그 안에는 '초연함'이라는 지혜가 담겨 있다.

지혜로운 사람은 이를 이해하고 기다릴 줄 안다. 이루고 싶은 일이 있다면 조급해하지 말고 여유를 가져라. 훌륭한 술이 오랜 숙성을 거치듯 모든 일에는 때가 있다. 행운은 언제나 기다릴 줄 아는 사람의 몫이다.

지혜의 기술 2

지혜의 기술 3

'실수했을 때' 중에서

진정으로 지혜로운 사람은 이미 지나간 일에 연연하지 않는다. 실수를 돌아보고 반복하지 않으려는 태도는 현명하지만 과거에 사로잡혀 앞으로 나아갈 길을 외면하는 것은 어리석다.

위대한 인물들 역시 실수는 교훈으로 삼되 시선은 늘 미래를 향해 있었다.

지혜의 기술 3 | 년　월　일

지혜의 기술 4

년 월 일

'명성' 중에서

명성이라는 껍데기에 현혹되지 마라. 포장은 그럴듯해 보여도 실제로는 실망스러운 사람이 많다.

사람을 판단할 때는 말이나 겉모습이 아니라 그가 이루어낸 성과를 보아야 한다. 겉만 번지르르하고 내실 없는 사람과 억지로 관계를 맺을 필요는 없다. 진정한 가치는 겉이 아닌 실력과 행동 속에 담겨 있다.

지혜의 기술 4 | 년 월 일

지혜의 기술 5

년   월   일

'유능한 사람의 일 처리법' 중에서

불필요한 집착으로 타인을 불편하게 하지 마라. 일을 깔끔하게 처리할수록 기분도 상쾌해지고 성과도 높아진다. 훌륭한 내용에 간결함이 더해지면 그 효과는 배가 된다.

핵심을 정확히 짚고 명확하게 전달할 줄 아는 사람이야말로 진정한 유능한 사람이다.

지혜의 기술 5

년   월   일

지혜의 기술 6

'감정 조절법' 중에서

'말 위에서는 현명한 사람이 없다'는 스페인 속담이 있다. 감정이라는 '날뛰는 말' 위에서는 누구나 이성을 잃기 쉽다는 뜻이다.

격한 감정이 치밀어 오를 때 자제의 고삐를 당길 줄 아는 지혜로운 사람이 되어야 한다.

지혜의 기술 6 년 월 일

지혜의 기술 7

년 월 일

'지혜로운 사람과 동행하라' 중에서

지혜로운 사람의 말 한 마디는 대중의 칭찬 백 마디보다 훨씬 더 소중하다. 그들의 의견을 경청하고 올바른 판단력을 갖춰 나가면 인생이 몇 배는 가치 있게 바뀐다.

인생은 매우 짧아 혼자서 모든 것을 다 배우고 대처하기에는 시간이 턱없이 부족하다. 능력 있는 사람을 친구로 맞아들여라. 위대한 인물을 곁에 두면 그만큼 성장하게 되고 목표에도 더 빨리 다가설 수 있다.

지혜의 기술 7   년   월   일

지혜의 기술 8

년 월 일

'철학의 쓸모' 중에서

겉모습에 그치지 말고 지혜롭고 의로운 사람, 철학적 품격을 지닌 사람이 되기 위해 노력하라.

사유하는 힘은 속임수를 꿰뚫는 통찰력과 덕 있는 삶의 기쁨을 가져다준다. 철학을 삶의 중심에 둘 때 삶은 더 깊고 넓어진다.

지혜의 기술 8

년   월   일

지혜의 기술 9

년 월 일

'강한 확신이 들 때' 중에서

강한 확신이 드는 일에는 거침없이 달려들어라. 주변의 평가를 두려워해 망설이고 있으면 아무것도 이룰 수 없다.

마음속에서 들려오는 소리를 결코 무시해서는 안 된다. 이러한 내면의 소리는 위기 때마다 경고음을 울려 불운이 찾아오는 것을 막아준다. 결단력과 신중함은 지혜라는 동전의 양면이다.

지혜의 기술 9

지혜의 기술 10

'시대의 흐름을 읽어라' 중에서

현명한 사람은 시대가 요구하는 가치가 어떤 것인지를 파악하고 그 흐름을 거스르지 않는다. 시대가 바라는 가치관을 따르면서도 얼마든지 자신이 추구하는 목표를 이룰 수 있다는 점을 잘 알기 때문이다. 시대를 읽을 줄 아는 지혜야말로 언제 어디서나 사랑을 받는다.

지혜의 기술 10 | 년   월   일